KB194094

호루라기에
너무 큰돈을
쓰지 마라

BENJAMIN FRANKLIN`S

"인간이 불행한 이유는 사물의 가치를 잘못 평가하기 때문이다"

벤저민 프랭클린 지음
이혜진 옮김

FRANKLIN

여린풀

호루라기에 너무 큰돈을 쓰지 마라

후회 없는 인생을 위한 프랭클린의 생활 철학

PHILOSOPHY OF LIFE

Benjamin Franklin's Philosophy of Life

프랭클린의 기도*

신이 없다는 거짓말에서 저를 지켜주시고,
가증스러운 과시와 위선에 주의하게 하소서

조국에 헌신하고 조국의 이익을 살피며
그 법을 따르고 압제와 반역을 공히 혐오하게 하소서

윗사람에게 공손하고 겸허하며
자만하거나 무례하거나 불복종하지 않게 하소서

아랫사람에게 인자하고 자신을 낮추고
너그럽게 대하며, 무고한 고통으로부터 지켜주고,
가혹하고 불합리한 엄격함으로 억압하지 않게 하소서

비난과 험담을 삼가고, 속임수와 아첨, 혐오와
은혜를 저버리는 일을 심히 미워하게 하소서

우정에 진실하고 믿음에 충실하며
판단할 때 공정하고 자만과 분노의 광기를 경계하게 하소서

사람을 대할 때 공평하며 쾌락을 절제하고
솔직함과 창의력, 자비심으로 가득하게 하소서

은인에게 감사하고 친구에게 너그러우며
가난한 자에게 후히 베풀고 고통받는 이를 연민하게 하소서

탐욕과 야망, 질투와 방종,
거짓말과 음란함을 피하게 하소서

온전하고 평정하게 마음을 다스리고,
어려움 속에서 결의를 다지고, 고난 속에서 굴하지 않고,
약속을 지키며 신중하게 행하게 하소서

약한 자에게 상냥하고 먼저 살다간 이를 존경하며,
이웃에게 친절하고 낯선 이를 환대하게 하소서

호루라기에 너무 큰돈을 쓰지 마라

고자질, 험담, 중상, 비방, 술수, 월권을 싫어하고,
갈취, 위증 그리고 온갖 부정을 혐오하게 하소서

정직하고 숨김없고 온화하고 자비롭고 선하고 쾌활하며
타인의 선에 크게 기뻐하게 하소서

항상 명예와 성실을 기억하게 하시고, 청렴하고 결백한
선한 양심을 갖게 하시며 마침내
덕 있고 마음 넓은 사람이 될 수 있도록
선하신 하느님 도와주소서.
오 아버지, 도와주소서!

---

* 프랭클린은 정기적인 공예배에는 잘 참석하지 않았지만 혼자만의 기도책, 〈신조와 믿음의 실천(Articles of Belief and Acts of Religion)〉을 직접 만들어 삶에 활용했다. '여는 글'은 이 기도책에 수록된 내용 일부를 재편집한 것이다.

차례

1.

돌아볼 때
비로소
깨닫게 되는
진실

_____

"사람은 덕이 깃든 삶,
스스로 만족하는 삶을
살 때만 행복하다"

호루라기에
너무 큰돈을
쓰지 마라

"인간이 불행한 이유는
사물의 가치를 잘못
평가하기 때문이다"

▌ 부인이 이야기하는 천국과 그곳에서 살 계획이 무척이나 흥미로웠습니다. 그리고 그날까지 지금 여기에서 가능한 한 많은 선善을 쌓아야 한다는 결론에도 깊이 동감합니다. 저는 '호루라기'에 돈을 과하게 쓰지 않도록 주의한다면 우리 모두가 지금보다 더 많은 선을 쌓고 악은 더 줄일 수 있다고 생각합니다. 제가 보기엔 우리가 불행해지는 것은 대부분 그 경고를 무시하기 때문인 것 같거든요.

무슨 말이냐고요? 부인은 이야기를 좋아하시니 제 이야기를 한 번 들어보시지요.

제가 일곱 살 때의 얘깁니다. 놀러 온 친척들이 제 주머니에 동전을 가득 채워주었습니다. 저는 그 길로 장난감 가게로 향했지요. 그러다 '호루라기'를 불고 있는 한 소년과 마주쳤는데, 그 소리가 얼마나 좋던지 그만 가지고 있던 돈을 몽땅 주고 호루라기와 맞바꿨어요. 호루라기가 무척 마음에 들었던 저는 집안 곳곳을 누비며 호루라기를 불어댔고 온 식구들의 정신을 쏙 빼놓았지요. 호루라기를 어떻게 얻었는지 들은 제 형제들, 누이들, 사촌들은 제가 원래 가격의 네 배나 되는 돈을 주고 호루라기를 샀다고 말했어요. 호루라기를 사고 남은 돈으로 뭘 살 수 있었을지가 떠오르고, 다들 제 어리석은 짓을 깔깔대며 비웃자 저는 분해서 울고 말았지요. 호루라기가 주는 기쁨보다 창피하고 억울한 마음이 더 컸던 거지요.

하지만 이 일은 이후 제게 큰 도움이 되었습니다. 그때의 기분을 잊을 수 없었거든요. 그래서 필요 없는 물건을 사고 싶어질 때면 스스로에게 말하죠. "호루라기에 너무 큰돈을 쓰지 말자." 그러고는 돈을 아꼈습니다.

성장한 뒤, 세상에서 사람들의 행동을 관찰하면서 '호루라기에 너무 큰돈을 쓰는' 사람이 정말 많다는 걸 알게 됐습니다.

출세의 욕심이 지나쳐 온갖 정치적 집회에 참석하면서 자기 시간을, 휴식을, 자유를, 미덕을, 그리고 아마도 친구까지도 희생하는 사람을 볼 때면 저는 되뇌었어요. "이 사람은 호루라기에 너무 큰돈을 쓰고 있군."

평판을 얻고 싶어 자기 할 일은 내팽개친 채 계속해서 정치적 소란에 관여하고 그 결과 자기 일을 망치고 마는 사람을 볼 때 저는 되뇌었지요. "저 사람은 정말로 호루라기에 너무 큰돈을 쓰고 있어."

안락한 삶, 타인에게 선행을 베풀며 느끼는 기쁨, 동료 시민들에 대한 존중, 벗들과의 우정이 주는 기쁨을 재산 축적을 위해 포기하는 구두쇠를 알게 될 때면 생각했어요. '딱하군, 당신은 호루라기에 너무 큰돈을 쓰고 있어.'

오로지 육체적 쾌락만을 위해서 건전한 정신이나 미래의 가능성을 전부 날려버리고, 건강까지 해치는 사람을 만나게 되면 되뇌었어요. "저러면 안 되는데. 당신은 스스로에게 쾌락 대신 고통을 가져다주고 있군. 호루라기에 너무 큰돈을 쓰고 있어."

자기 분수에 넘치도록 겉모습이나 좋은 옷, 좋은 집, 좋은 가구, 좋은 마차에 재산을 탕진하고 빚을 지고 결국 감옥에 갇히고 마는 사람을 보면 저는 생각하지요. '저런! 저 사람은 호루라기에 너무 큰돈을, 정말 과하게 썼군.'

아름답고 상냥한 아가씨가 성미 고약한 남자와 결혼하는 것을 보면 저는 생각해요. '저런, 안됐네. 호루라기에 엄청난 돈을 쓰게 되겠군.'

요컨대, 인간이 불행한 이유는 사물事物의 가치를 잘못 평가하기 때문입니다. 호루라기에 너무 큰돈을 썼기 때문이지요.

하지만 저는 이 불행한 사람들을 너그럽게 이해해야겠지요. 제가 자랑하는 이 모든 지혜를 갖추고 있더라도 세상에는 '존 왕의 사과'*처럼 우리가 유혹에 빠질 수밖에 없는 매력적인 것들이 있으니까요. 살 수 있는 게 아니어서 얼마나 다행인가요. 만약 경매에 나온다면 저는 틀림없이 그걸 구매하는 데 막대한 돈을 쓸 테고 '호루라기에 너무 큰돈을 썼다'는 걸 또 한 번 깨닫게 될 테니까요.[1]

---

* 성 요한 기념일 즈음에 익는 사과로, 2년 동안 보존할 수 있으며 시들었을 때 더 맛있다고 전해진다. 존 왕이 두 개를 가지고 있었는데 하나는 먹고 하나는 보관해두었다고 한다.

1. 돌아볼 때 비로소 깨닫게 되는 진실

하루살이에게
배우는 인생

"과거가 의미 있을 때,
지금이 위로받는다"

▌ 부인께서는, 우리가 얼마 전 물랭 졸리Moulin Joly의 근사한 정원에서
좋은 사람들과 함께 즐거운 시간을 보내던 그날, 산책 중 제가 갑자
기 멈춰 서서 한동안 뒤처졌던 일을 기억하실까요. 그곳엔 작은 파리
와 비슷한 '하루살이'라는 곤충의 사체가 무수히 흩어져 있었지요.
하루살이는 하루 안에 한 세대가 태어나고 죽으며, 다시 다음 세대로
이어진다고 하지요. 저는 우연히 잎사귀 위에 모여 있는 하루살이들
을 보았고, 마치 이야기를 나누는 듯한 모습이 꽤 인상 깊었습니다.

　　부인은 제가 동물의 말을 알아들을 수 있다는 걸 알고 계시지요.
핑계처럼 들릴지 모르지만, 그들의 대화에 정신이 팔린 나머지 당신

호루라기에 너무 큰돈을 쓰지 마라

의 매력적인 말에 집중하지 못한 점 용서 바랍니다. 저는 호기심 가득한 마음으로 그 작은 생물들의 대화를 엿들었습니다. 하지만 특유의 빠르고 명랑한 말투로 서너 마리가 동시에 떠들다 보니, 내용을 온전히 알아들을 수는 없었습니다. 그래도 간간이 들리는 단어들을 조합해 보니, 그들은 '파리'와 '모기'라는 외국 음악가의 매력에 대해 열정적으로 토론하고 있었습니다. 짧은 생을 살면서도 한 달쯤은 살 것처럼 그 열띤 토론에 몰두하고 있었지요.

'행복한 친구들이군!' 저는 생각했습니다. '그들은 틀림없이 정의롭고 관대한 정부 아래서 살고 있는 게야. 불만도 없고, 논쟁거리라곤 그 이국적인 음악의 매력과 아쉬움뿐이니 말이지.'

저는 머리가 희끗한 늙은 하루살이를 발견하고 고개를 돌렸습니다. 그는 다른 잎 위에서 혼자 중얼거리고 있었지요. 그의 혼잣말이 흥미로워 저는 그것을 받아 적었습니다. 제게 유쾌한 시간을 안겨준 즐거운 동행과 천상의 선율,* 이 모든 기쁨을 선사해주신 당신께도 이 이야기가 흥미롭게 들리기를 바라면서요.

그 하루살이는 말했습니다.

"나보다 훨씬 이전 세대의 박식한 철학자들은 '물랭 졸리'라 불리는 이 거대한 세계가 겨우 열여덟 시간밖에 지속되지 못할 것이라 예견했지. 일리는 있어. 자연에 생명을 불어넣는 저 거대한 빛나는 구

_____

* 편지의 수신자인 브리용 부인은 작곡가였다.

1. 돌아볼 때 비로소 깨닫게 되는 진실

체는 내가 살아 있는 동안에도 저 바다 너머로 점점 기울고 있으니 말이야. 언젠가 저 빛은 바다에 가라앉아 사라지고, 세상은 차갑고 어두워지며, 모든 생명이 종말을 맞겠지. 나는 지금껏 무려 일곱 시간을 살았어. 420분이지. 실로 긴 세월이야. 우리 중 이렇게 장수하는 이는 드물지. 나는 수많은 세대가 태어나고, 살고, 또 죽는 모습을 지켜보았어. 지금 내 주위의 친구들은 내 옛 친구들의 아이들과 손주들이지. 내 젊은 시절의 벗들은…… 아아, 이제는 없네. 나도 곧 그들을 따라가게 될 거야. 아직은 건강하지만, 자연의 섭리는 거스를 수 없으니 앞으로 길어야 칠팔 분 남았을 테지.

이제 와서 이 잎의 단물을 모아봤자 무슨 소용인가. 맛보기도 전에 죽을 텐데! 나는 우리 종족을 위해 어떤 정치적 투쟁을 했던가, 어떤 철학적 진보를 이루었던? 도덕 없는 법은 정치에서 무슨 의미가 있는가? 우리 하루살이 종족도 결국 저 오래된 나무에서 타락한 자들처럼 변질되고, 그로 인해 비참한 종말을 맞게 될 거야. 우리가 철학에서 이룬 진전은 얼마나 보잘것없는가! 아아, 예술은 길고 인생은 짧도다! 친구들은 나를 위로하며 후세에 내 이름이 남을 거라 하겠지. 내가 충분한 영광을 누렸다고도 하겠지. 그러나 더 이상 존재하지 않는 하루살이에게 명성이 다 무슨 소용이겠는가? 이 세계, 이 물랭 졸리 전체가 폐허가 된다면, 열여덟 시간의 모든 역사에 무슨 의미가 있겠는가?"

그렇게 늙은 하루살이의 이야기를 듣다 보니, 문득 저를 돌아보

호루라기에 너무 큰돈을 쓰지 마라

게 됩니다. 저는 열정을 다해 살아왔고, 이제는 그 긴 여정 속에서 '좋은 뜻으로 살아온 시간'을 되새기는 일이 가장 큰 위로가 됩니다. 그리고 지금 이 순간 제 곁에 남아 있는 것은 사랑스러운 하루살이 숙녀들의 재치 있는 대화와 부인의 다정한 미소, 그리고 부인이 들려주신 아름다운 선율뿐입니다.[2]

1. 돌아볼 때 비로소 깨닫게 되는 진실

위대한 사람
카토를 생각하며

> "덕이 없으면서
> 진정으로 위대한
> 사람은 없다"

페르시아 헌법에는 공립학교에서 교양이나 학문으로 덕을 가르치도록 명시되어 있었다. 유혹에 굴하지 않고 정념을 다스리고, 공정하게 처신하고, 쾌락을 절제하고, 불행을 겪더라도 의연하게 버티며, 매사에 그리고 어떤 상황에서든 신중하게 행동하는 법을 배우는 것이 인간에게는 훨씬 중요하다. 내 생각엔 세상의 모든 교양과 학문의 대가master가 되는 것보다 이런 자질을 갖춘 사람이 되는 것이 실질적으로 훨씬 더 유익하다.

사람은 덕만으로도 충분히 위대하고 명예롭고 행복할 수 있다. 나처럼 카토Cato를 아는 사람이라면 지금 나와 생각이 같을 테니 카

호루라기에 너무 큰돈을 쓰지 마라

토가 자신의 명성을 명예롭게 여기지 않았더라도 그 명성을 누릴 자격이 충분하다고 인정할 것이다. 카토는 이 나라에서 거의 알려지지 않은 외진 곳에 살고 있었고, 생활 형편은 생필품 정도만 겨우 조달할 수 있는 수준이었다. 그럼에도, 카토보다 위대한 사람이 누가 있었던가? 어느 날 로마 시내의 주요 인사들이 한 집에 모여 있었다. 이 인사들 중 몇몇에게 볼 일이 있던 카토는 그 집의 문을 두드렸다. 나는 얼굴 생김새나 작은 특징, 매우 사소한 행동을 통해서도 그 사람의 성품을 어느 정도 파악할 수 있다고 생각한다. 카토는 특유의 태도로 내뱉듯이 말했는데, 그의 몸짓과 말투는 마치 이렇게 말하는 듯했다. "나는 이 집에 들어갈 자격이 있으며, 안에 있는 이들 또한 내가 들어오기를 바라고 있다." 그는 아주 소박한 전통 의상을 입고 있었다. 투박한 외투는 낡아서 너덜너덜했다. 옷은 집에서 아마포로 짠 것이었고 수염은 적어도 일주일은 깎지 않은 듯했다. 신발은 두껍고 무거웠다. 그가 걸치고 있는 것 전부가 그랬다. 그런데도 왜 그 집에 모인 모두뿐 아니라 일면식도 없던 사람들까지도 카토를 존경했을까? 사람들의 감탄을 자아내는 것은 세련된 모습이나 화려한 옷이 아니었다.

나는 오래도록 습관처럼 배어 있는 덕은 인상도 크게 바꾼다고 생각한다. 카토의 얼굴에는 고귀한 그의 정신을 나타내는 분위기가 있었는데, 그의 말과 행동 하나하나에도 이 분위기가 배어 있어 사람들은 그를 존경하며 우러러볼 수밖에 없었다. 그 용모에는 자애롭

1. 돌아볼 때 비로소 깨닫게 되는 진실

고 인자한 성품에서 나오는 편안함과 단호한 결의에서 나오는 담대함이 깃들어 있었고, 우물쭈물하는 수줍음이나 눈살을 찌푸리게 만드는 뻔뻔함은 찾아볼 수 없었다. 자신의 타고난 가치를 알고, 흔들리지 않는 진실함을 가진 카토는 가장 고귀하고 권력 있는 사람들 앞에서도, 아주 놀랄 만한 상황 앞에서도 차분하고 의연한 태도를 보였다. 엄정하게 정의를 추구하고 불편부당하기로 잘 알려져 있던 카토는 이웃들이 난처한 소송에 휘말리지 않도록 살피며 자기 주변에서 일어나는 모든 불화를 중재하고 결정하는 역할을 맡았다. 그는 언제나 두려움이나 부끄러움 없이 진심을 담아 말했으며, 자신의 의도가 선하다는 것을 확신하고 있었기에, 얼굴을 붉힐 일도, 거짓말이 들통나 당황할 일도 없었다. 그는 이웃에 해를 가한 적이 없었고, 따라서 비열하거나 수상한 모습을 보인 적이 없다. 지혜와 순수함을 갖춘 그는 늘 진지하면서도 유쾌했다. 형편이 되는 대로 낯선 이에게 베푸는 환대, 선량함, 관용, 억압받는 자들을 위한 용기, 친구에 대한 신의, 겸손함, 정직함과 진실함, 온건함, 국가에 대한 충성심, 경건함, 절제, 인류애, 아량, 공공심까지, 한마디로 완전무결한 덕을 갖춘 그는 조국의 자랑으로 존경받아 마땅했다. (…)

다른 사람에게 높이 평가받고 존경받고 싶은 마음은 누구나 가지고 있는 강력한 본능이다. 하지만 그 목적을 달성할 올바르고 확실한 단 하나의 방법을 시도하는 사람이 얼마나 드문지를 보면서 나는 심히 걱정스럽고 슬프다. 그 훌륭한 포부는 너무나 쉽게 잘못 적

호루라기에 너무 큰돈을 쓰지 마라

용되거나 악용된다. 중요한 인물이 되기 위해 누군가는 배움을 좇고, 누군가는 부를 추구하며, 누군가는 재치 있어 보이려 애쓰고, 누군가는 겉모습에만 신경 쓴다. 하지만 덕에 비하면 재치나 부, 겉모습, 배움이 다 무슨 소용인가? 물론 우리는 잘생긴 사람을 좋아하고 박식한 사람을 칭송하고 부와 권력을 지닌 사람을 두려워한다. 하지만 우리는 덕 있는 사람은 숭배하고 흠모하기까지 한다. 이것은 그리 놀랄 일이 아니다. 덕을 갖춘 사람이 그만큼 드물기 때문이다. 우리가 잘난 사람이 되려고 애쓰는 만큼 선한 사람이 되려고 열심히 노력한다면, 우리는 선해짐으로써 정말 뛰어난 사람이 될 것이고 그 결과 세상에는 가치 있는 사람이 훨씬 많아질 것이다. 하지만 선해지려는 마음 없이 그저 뛰어난 사람만 되려 하는 것은 심각하게 잘못된 생각이다. 내가 단언하건대, 덕을 갖추지 않고서 진정한 위대함을 이룬 사람은 지금껏 단 한 사람도 없었다.[3]

1. 돌아볼 때 비로소 깨닫게 되는 진실

변하지 않는
선함이란

**"왜 덕을 좇는 자가
쾌락을 좇는 자보다
행복할까"**

필로클레스: 이 세상에서 호레이쇼 자네보다 내게 소중한 사람은 없네. 비록 자네는 몇 가지 사소한 결점들을 가지고 있고 지독하리만큼 쾌락을 좇지만, 그럼에도 불구하고 나는 자네의 마음이 정직하고 자네가 확실히 덕을 추구하고 있다는 걸 자주 보아왔으니까. 나는 자네가 이성적인 동물로서 분별 있게 행동하도록 진심으로 돕고 싶네. 자네가 내 말을 있는 그대로 믿어줄지 모르겠지만 나는 자네보다도 더 자네를 아낀다네.

호레이쇼: 무엇이든 하고 싶은 대로 하는 사람이야말로 자네가 말하는 자신을 제대로, 현명하게 사랑하는 사람이라고 나는 생각하네.

호루라기에 너무 큰돈을 쓰지 마라

필로클레스: 하지만 그건 그렇게 아끼는 자기 자신을 망치고 파괴하는 것과 다름없지 않은가? 자신을 사랑하는 것은 최고의 선이야. 살아 있는 동안 그 최고의 선을 누리고, 더 큰 가치를 희생시키는 쾌락은 좇지 않는 게 자신을 정말 사랑하는 것이라네.

호레이쇼: 그건 다 생각하기 나름이지. 누가 쾌락의 가치를 평가한단 말인가? 어떤 매력적인 무언가가 너무나 강하게 다가와서 그것 없이는 다른 어떤 것도 즐길 수 없다고 가정해보세. 혹은 쾌락이 마치 마음을 온통 사로잡는 애인과도 같아서, 남자가 아내에게 하듯이 기쁠 때나 슬플 때나 함께하면서 그에 따르는 결과나 앞으로의 일은 전혀 신경 쓰지 않는다고 하세. 그렇다고 그래서는 안 될 이유가 무엇인가?

필로클레스: 호레이쇼, 가령 자네 친구가 건강하고 활력 넘치는 육체와 매년 500파운드에 달하는 상당한 재산을 가지고 스물두 살에 세상에 나온다고 하세. 그런데 쾌락만 좇고 해야 할 일은 등한시해서 아무런 결실 없이 서른이 되기도 전에 모든 재산을 날리고 몸도 버려 더는 무언가를 즐길 방법도, 능력도 없을 뿐 아니라 할 일도 없어 자살로 눈을 감는 게 그나마 현명해 보일 지경에 처한다면, 이 불행한 남자의 행동에 대해 자네는 뭐라고 하겠는가? 이것을 개인적인 견해나 취향의 문제라고 할 수 있는가? 아니면 이 경우 정말로 옳고 그름은 없는 건가? 삶과 행동을 바라보는 어떤 견해가 다른 견해보다 더 정당하다고 할 수는 없는가? 또는 어떤 행동 유형이 다른 것보다 더 바람직하다고 할 수 없는가? 아니면 자네가 보기에는 신중하고 올바

르게 자신의 본능적 욕구를 충족시켜 나이 들 때까지도 건강과 재산을 온전하게 보존하다가 자신이 받은 것에 감사하고 그를 창조하신 그분의 의지에 완전히 복종하다 죽는 사람만큼 저 비참한 쾌락의 노예도 합리적이고 훌륭한가? 말해보게, 호레이쇼, 이 두 사람은 똑같이 현명하고 행복하다고 할 수 있는가? 그리고 오로지 견해나 취향만을 기준으로 모든 것을 판단해야 하는가? 그 견해나 취향이 올바른지는 판단하지 않고 말일세.

호레이쇼: 현명하고 선하신 창조주께서 우리를 괴롭게 하실 리가 없네. 창조주께서 억누르고 극복하라고 우리에게 욕망을 주셨을 리가 없고, 그저 자신을 극복하라고 나나 다른 사람의 자아를 만드셨을 리가 없어.

필로클레스: 호레이쇼, 자네 처지가 정말 딱하군. 욕망을 억누르면 행복해질 수 없다고 하고, 거리낌없이 욕망을 불태우면 오히려 비참해진다고 하니 말일세. 결국 어느 쪽이든 피할 수 없는 해악이 도사리고 있는 셈 아닌가.

[대화를 마친 두 사람은 각자의 길로 떠났다가, 3개월 후에 다시 만난다]

호레이쇼: 자네가 그토록 아름답게 묘사하는 견고하고 변함없이 항상 존재하는 선을 자네는 갖추고 있는 것 같네. 그 선으로 가는 길을 보여주게. (…) 끝없이 변하는 이 세상에서 변함없이 항상 존재하는 것이 있는가? 그렇다면 견고하게 항상 존재하는 자네의 선은 무엇인

호루라기에 너무 큰돈을 쓰지 마라

가? 말해주게. 난 들을 준비가 되어 있네.

필로클레스: 알겠네. 내 생각엔 말이네, 호레이쇼, 자네는 의심하고 있지만 결코 자네를 떠나지 않는 선이 항상 존재하고, 자네가 살아 있는 한 그 선은 언제나 견고할 걸세.

호레이쇼: 계속해보게.

필로클레스: 있어도 비참해질 수 있고 없으면 확실히 비참해지는 것은 결코 인간의 선이 될 수 없네.

호레이쇼: 내 생각은 다르지만, 부디 무슨 말인지 설명해주게. 나는 이런 추상적 사고가 익숙하지 않네.

필로클레스: 내가 말하는 것은 '감각적 쾌락'이네. 인간의 선은 감각적 쾌락만으로는 이루어질 수 없네. 자네가 사랑하는 그 대상들 중 하나라도 없거나 손에 넣을 수 없다면 자네는 확실히 비참해지기 때문이지. 또한 감각 기관이 손상되어 그 대상이 눈앞에 있어도 즐길 수 없다면, 그 역시 마찬가지 아닌가. 그래서 이 감각적 선은 자네 안팎에 있고 자네의 힘으로는 어찌할 수 없는 수많은 것들에 달려 있네. 그렇다면 이것이 인간의 선이 될 수 있겠는가? 자, 호레이쇼, 자네 생각은 어떤가? 이것은 변덕스럽고, 일시적이고, 허황된 선이 아닌가? 맛보는 동안에도 비참해질 수 있고 맛볼 수 없을 때는 반드시 비참해지는 것을 두고 인간의 선이라고 말할 수 있겠는가? 얻으려면 엄청난 고통을 치러야 하고 가지고 있으면 질리고 욕구가 다시 돌아올 때까지 기다려야만 다시 즐길 수 있는 것이 우리의 선이 될 수 있는가?

1. 돌아볼 때 비로소 깨닫게 되는 진실

아니면 어렵지 않게 얻을 수 있고, 가지면 더 커지고, 권태나 실망에 빠질 일 없이 즐기면 즐길수록 계속 즐길 자격을 갖추게 되는 것이 우리의 선이겠는가?

호레이쇼: 후자겠지. 하지만 왜 이리 내 머리를 아프게 하는가? 필로클레스, 그 선이 무엇인지 지금 당장 보여주게.

필로클레스: 나는 자네에게 선이 아닌 것을 보여주었네. 내가 말하는 선은 감각적인 것이 아니고 이성적이고 도덕적인 것이지. 인간애, 우정, 관용, 자비가 담긴 행동으로 타인에게 우리가 할 수 있는 모든 선행을 베푸는 것이네. 이것이야말로 견고하게 항상 존재하면서 변하거나 줄어들지 않고 항상 비슷한 만족을 주는 선일세. 이제 자네의 경험을 얘기해보지. 자네는 비참한 사람을 구해주거나 괴로워하는 사람을 일으켜 다시 삶과 행복을 누리게 해주는 일이 싫증 난 적 있는가? 하면 할수록 기쁨이 커지고, 뒤돌아볼 때 그로 인해 더 큰 기쁨을 얻은 적은 없는가? 타인을 행복하게 만드는 데서 오는 것보다 더 큰 기쁨이 이 세상에 있을까? 이 기쁨이 아예 없을 수도, 혹은 자네가 살아 있는 동안에 끝날 수도 있을까? 그것은 항상 자네와 함께하지 않는가? 자네와 함께 눕고 일어나고 자네가 살아 있는 한 살아 있고 죽음이 찾아올 때 위안을 주고 다른 모든 것이 자네를 저버릴 때나 자네가 모든 것을 저버릴 때도 함께하지 않는가?

호레이쇼: 정말 생생하게 보여주었네, 필로클레스. 내 생각엔 나 호레이쇼는 선행을 베풀 때 기쁨을 느끼네. 열정도 솟아나고. 마치 뭔가

호루라기에 너무 큰돈을 쓰지 마라

에 홀린 듯이 그렇다고 확신하고 있지. 하지만 그 이유는 모르겠네. 분명 내 안에도 신성이 있네. 하지만 필로클레스, 왜 이런 이성적이고 도덕적인 선이 단순히 자연적인 또는 감각적인 선보다 훨씬 더 훌륭한 것인지 부디 설명해주게.

필로클레스: 내 생각엔 말이네, 호레이쇼, 나는 이미 자연적이거나 감각적인 선과 이성적이거나 도덕적인 선의 차이를 명확하게 보여주었네. 자연적이거나 감각적인 즐거움은 행위가 끝나면 더 이상 지속되지 않아. 하지만 이 신성한 혹은 위대한 즐거움은 행동이 끝난 뒤에도 계속되고, 그에 대해 생각할 때마다 커지고 자라나지. 하나는 꾸준하지도 만족스럽지도 그렇다고 오래 지속되지도 않고, 심지어 무수한 문제들마저 따르지만, 다른 하나는 꾸준하고 완전한 만족을 가져다주고 오래가고 어떤 폐해도 선행하거나 동반하거나 뒤따라오지 않아. 하지만 자네가 이 차이를 만드는 원인을 더 깊이 파고들고 왜 도덕적 즐거움이 감각적 즐거움보다 큰지 묻는다면, 아마도 그 이유는 다른 모든 생명체와 마찬가지로 생명체의 행복이나 최고선은 자신들의 주요 능력 또는 다른 종과 구분되는 능력과 관련 있기 때문일 걸세. 인간의 주요 능력은 이성이고, 그에 따라 인간의 최고선 또는 정당한 인간의 선은 단순한 행동이 아니라 합리적인 행동으로 이루어진다네. 합리적인 행동이란 인류를 보전하고 순수한 행복을 만드는 데 이바지하는 행동을 말하네. 그리고 이런 행동을 특별히 도덕적으로 선한 행동이라고 부르지.

1. 돌아볼 때 비로소 깨닫게 되는 진실

호레이쇼: 아주 명확한 설명이야, 필로클레스. 하지만 혹시라도 이해하지 못하는 부분이 남지 않게 부디 자연적인 선과 악 그리고 도덕적인 선과 악의 진짜 차이를 알려주게. 내가 아는 몇몇 사람들은 제대로 알지도 못하고 이런 용어를 사용하더군.

필로클레스: 그럴 수 있지. 차이점은 이것뿐이네. 자연적인 선과 악은 즐거움과 고통이고, 도덕적인 선과 악은 의도와 목적에 의한 즐거움과 고통이네. 행위자가 도덕적으로 선한지 악한지를 결정짓는 것은 의도뿐이니까.

호레이쇼: 그렇지만 아주 선한 의도를 가진 사람도 악한 행동을 할 수 있지 않은가?

필로클레스: 그렇지. 하지만 그런 경우는 의도는 좋았지만 판단이 잘못된 걸세. 예컨대 모든 걸 고려할 때 판단 오류가 불가피한 경우에는 잘못이 있다고 할 수 없네. 하지만 인간 행동의 본질을 제대로 판단하지 못해 오류가 생겼다면 부도덕한 것이고 잘못이 있지.

호레이쇼: 그렇다면 올바르게 즐기거나 타인에게 도덕적으로 선한 일을 하려면 우리의 의견을 아주 신중하게 살펴봐야겠군.

필로클레스: 그게 무엇보다도 중요하지. 인간의 행복이나 진정한 선은 올바른 행동으로 이루어져 있고, 올바른 행동은 올바른 의견 없이는 생겨날 수 없네. 그래서 우리는 무엇보다도 만물에 대한 우리의 의견이 만물의 본질과 일치하도록 주의해야 하네. 모든 덕과 행복의 토대는 올바른 생각일세. 어떤 행동이 본질적으로 선을 향한다는 것을

호루라기에 너무 큰돈을 쓰지 마라

이해하고, 바로 그 이유에서 그 행동을 실천하는 사람만이 도덕적인 사람이고, 그런 사람만이 이 대화의 주제인 항상 견고하고 변함없이 존재하는 선을 행할 수 있는 사람이네.

호레이쇼: 내 철학 스승인 자네는 삶에서 무엇이 옳고 그른지 어떻게 알고, 어떻게 확신을 갖고 결정하는가?

필로클레스: 원과 사각형, 혹은 빛과 어둠을 구분하는 것만큼 쉬운 일이네. 호레이쇼, 자연이라는 신성한 책을 들여다보게. 자네 자신의 본성을 읽고, 다른 사람들이 자네와 맺고 있는 관계, 그리고 자네가 그들과 맺고 있는 관계를 살펴보게. 그러면 인간의 행복을 이루는 것이 무엇인지, 나아가 무엇이 옳은지도 금세 알 수 있을 걸세.[4]

질문의 힘

> **"정직한 질문이
> 인생의 품격을 바꾼다"**

┃ Q. 이성적인 동물의 행복은 무엇으로 이루어져 있는가?

A. 건전한 정신과 건강한 신체, 충분한 양의 생활필수품과 편의품, 그리고 신의 은총과 인류애다.

Q. 건전한 정신이란 무엇인가?

A. 정확하고 참된 추론을 통해 나의 행복과 관련된 진실을 찾는 능력이다. 이 능력은 신의 선물이며 경험과 교육을 통해 지혜로 향상될 수 있다.

Q. 지혜란 무엇인가?

A. 어떤 경우에든 무엇이 우리에게 최선일지, 그리고 그 최선을 얻는

호루라기에 너무 큰돈을 쓰지 마라

가장 좋은 방법은 무엇인지 아는 것이다.

Q. 매 순간, 모든 일에서 현명한 사람이 있는가?

A. 없다. 하지만 어떤 이들은 다른 이들보다 더, 자주 현명하다.

Q. 생활필수품은 무엇인가?

A. 굶주림과 목마름을 해결해줄 건강한 먹을 것과 마실 것, 입을 것, 궂은 날씨에도 안전하게 지낼 수 있는 거처이다.

Q. 생활편의품은 무엇인가?

A. 대단히 많은…… [원문 소실됨]

　먹고 마시고, 고급 미식을 즐기고, 욕구를 채우기에 급급한 이 풍요로운 시대에 쾌락보다는 건전한 정신과 건강한 신체로 건강한 노년을 보내기 위해 소박하고 절제된 식습관을 선택하는 것이 이성적인 사람이 해야 할 가치 있는 일 아닌가?

　자연 본래의 맛을 살린 음식, 즉 우리가 목마르거나 배고프지 않을 때 또는 목마름이나 배고픔이 해결된 후에도 우리를 매혹해 먹고 마시게 하는 무언가가 인위적으로 첨가되지 않은 고기와 음료가 최선이지 않을까? 예를 들면 술 대신 물을, 고기 대신 빵을 먹는 것은 어떨까?

　지식과 분별은 다른가? 다르다면, 둘 중 어느 것이 더 바람직한가?

　우리와 비슷한 상황에 있는 사람에게 가장 적절한 처세론은 무엇인가? 또는 많은 처세술 중에서 어떤 것이 우리의 행복에 가장 도

1. 돌아볼 때 비로소 깨닫게 되는 진실

움이 될 것인가?

가난하지만 현명하고 선한 사람과, 현명하지도 선하지도 않지만 부유한 사람 중 누구를 친구로 삼는 것이 좋은가?

이 두 사람이 다 죽는다면 누가 국가에 더 큰 손실이겠는가?

둘 중 누구의 삶이 더 행복한가?

가난한 사람이 정직함을 잃지 않고 부와 권력을 가지려면, 열심히 공부하고 노력하는 것이 일반적인 방법 아닌가?

진정 현명하고 확고한 덕을 쌓으려면, 부를 축적하는 것만큼이나 큰 고통과 노력이 필요하지 않은가?

평범한 능력을 가진 사람이 부와 덕이라는 성공의 두 가지 견해를 동시에 추구할 수 있는가?

만약 그럴 수 없다면 둘 중 어느 쪽에 전념해야 하는가?[5]

호루라기에 너무 큰돈을 쓰지 마라

행복을
원한다면

**"덕 있고 스스로 만족하는
행위만이 행복을 가져온다"**

행복을 바라는 마음은 인간에게 너무도 자연스러운 것이어서, 세상 모든 사람은 방식은 달라도 모두 행복해지기를 바란다. 행복을 얻는 방법이나 그 개념에 대한 생각은 각기 다르지만, 그 누구도 불행을 목표로 하지는 않는다.

우리는 결코 악 그 자체를 선택하지는 않는다. 비록 우리의 선택이 종종 악을 초래하기는 해도, 그것이 우리 상상 속에서 선으로 가장하고 있지 않는 한 우리는 결코 악을 원하지 않는다.

우리는 우리가 즐기는 많은 것이 악이라고 생각하면서도 빠져들 수 있다. 하지만 여기서 우리가 생각하는 악은 탐닉의 영향과 결과에

1. 돌아볼 때 비로소 깨닫게 되는 진실

서 나타나는 악일 뿐, 지금 당장 고통을 가져오는 악은 아니다.

이성은 상황이나 사물의 현재 모습뿐 아니라 전체적인 본질과 성향까지 우리에게 보여준다. 반면, 정욕情欲은 감정에 이끌려 당장의 외양에만 반응할 뿐 미래를 고려하지 못한다. 정욕의 지배를 받을 때 우리는 오직 현재에만 영향을 받고, 결과는 생각하지 않는다. 진정한 즐거움을 누리려면 우리는 우리 능력들의 조화와 질서, 우리 마음의 본래 상태와 구조를 보존하도록 행동해야 한다. 진정한 행복은 진정한 아름다움처럼 오직 질서에서 비롯된다.

이성과 정욕이라는 두 원칙이 대립하고 그 싸움이 치열해질수록 우리는 더 비참해질 수밖에 없다. 그리고 정욕이 승리를 거두고 이성이 찍소리도 못할 정도로 억눌려 있을 때는 더 열등하고 감각적인 행복만 누릴 뿐이다. 즉 그 행복은 이성이 주는 것보다 훨씬 저급하고 불완전하다.

덕에서 나온 마음의 성향과 정욕을 비교해보면, 정욕은 참되고 확고한 행복과 아무 연관이 없음을 곧 알게 된다. 예컨대 질투의 본질은 불안과 걱정이다. 자만심은 십중팔구 화를 돋우고 소란을 일으킨다. 탐욕은 항상 걱정과 불안을 가져온다. 야망은 가슴 아픈 실망만 주고 어떤 행운에도 만족하지 못하게 한다. 야망의 욕구는 탐닉할수록 더 강렬해지고, 그 욕구를 충족하려 할수록 채워지지 않는 욕망만 부채질할 뿐이다.

정욕은 세속적인 것에 너무 밝아 우리에게 마음의 평안을 허락하지 않는다. 이 세상에 대한 집착을 내려놓고, 지금 여기서 신의 뜻에 순종하고, 충분히 근거 있는 다음 세상(내세)에서의 행복을 기대하는 것만이 정말로 만족할 수 있는 즐거움을 준다. 덕은 피할 수 없는 악에 대한 최고의 방패이며, 무엇보다도 악행으로 인한 고통의 무게를 덜어주고 인생의 축복을 순수하게 누릴 수 있게 해준다.

　우리 외부의 것은 생명과 건강의 보전을 좌우하는 것이 아니라면 행복과 아무 관련이 없다. 육체의 건강 없이는 온전히 행복할 수 없다. 그렇다고 건강만으로 행복해질 수 있는 건 아니다. 행복은 마음에서 샘솟기 때문이다. 하지만 건강을 잃으면 행복을 순수하게 지속적으로 누리기 어렵다. 그런데 덕은 건강을 지키는 데 가장 좋은 방법이다. 덕은 절제를 권하고, 절제는 정욕을 조절하는 방법을 제시하여 육체의 건강에 유익하기 때문이다. 따라서 덕은 마음의 진정한 행복이자 몸의 건강을 유지하는 가장 좋은 수단이다.

　우리의 욕망이 세속적인 것들만 향한다면, 그 욕망은 절대 채워지지 않을 것이다. 우리가 시야를 더 넓혀 긴 안목으로 내다본다면, 다음 세상에 대한 기대는 세속적 즐거움과는 비교할 수 없는 만족을 안겨줄 것이다.

　그러므로 오직 덕이 깃든, 스스로 만족할 수 있는 행위만이 행복을 가져온다. 어떤 행위가 우리의 냉철한 판단과 성찰을 견뎌내지 못한다면 이성적인 행위가 아니며, 따라서 그것은 이성적인 존재의 행복이라고 할 수 없다.[6]

2.

덕의
기술

"덕을 쌓기 위해서는
노력만으로는 안 된다.
좋은 계획이 필요하다"

목표는 무모하게
계획은 구체적으로

"나는 도덕적으로
완벽해지고자 하는
무모하고도 어려운 계획을
마음에 품고 있었다"

이즈음(1728년) 나는 도덕적으로 완벽해지고자 하는 무모하고도 매우 어려운 계획을 마음에 품고 있었다. 나는 언제 어느 때라도 잘못을 저지르고 싶지 않았다. 타고난 성향이나 습관, 어울리는 친구들의 영향으로 저지를 수 있는 잘못을 전부 극복하고 싶었다. 나는 무엇이 옳고 그른지 알고 있기에, 혹은 알고 있다고 생각했기에, 항상 옳은 행동만 하고 그른 행동은 피할 수 있다고 생각했다. 하지만 곧 이것이 내가 생각했던 것보다 훨씬 어려운 일이라는 것을 깨닫게 되었다. 한 가지 잘못을 저지르지 않으려고 애쓰다 보면 불쑥 다른 잘못을 저질러버려 스스로도 놀라곤 했다. 습관은 부주의한 틈을 타

호루라기에 너무 큰돈을 쓰지 마라

다시 튀어나왔다. 버릇은 이성의 힘으로 이겨내기엔 너무나 뿌리 깊었다. 나는 마침내 다음과 같은 결론을 내렸다. "완벽하게 도덕적인 사람이 되는 게 우리에게 이롭다는 확신만으로는 실수를 막을 수 없다. 나쁜 습관을 깨고 좋은 습관을 들여야만 올바른 행동을 꾸준하게, 한결같이 이어갈 수 있다."

그래서 나는 다음과 같은 방법을 고안했다.

그동안 읽었던 책에서 발견한 덕목들을 추려 보니 꽤 많았고, 같은 덕목이라도 그 안에 내포된 개념이 작가에 따라 많이 달랐다. 예컨대 절제의 경우, 어떤 저자는 먹고 마시는 일만을 다뤘고, 어떤 저자는 신체적 또는 정신적 쾌락, 욕구, 버릇, 열정, 심지어 탐욕과 야망까지 포함시켰다. 나는 명확성을 위해 적은 수의 덕목에 많은 개념을 담기보다는 간단한 개념을 담은 많은 덕목을 사용하기로 했다. 그리고 당시 내게 필요하거나 바람직하다고 생각되는 덕목을 열세 가지로 정리하고, 각 덕목에 짧은 실천 사항을 달았다. 이 실천 사항들은 내가 해당 덕목에 부여한 의미를 나타낸다. 열세 가지 덕목과 수칙은 다음과 같다.

1. **절제**TEMPERANCE : 몸이나 머리가 둔해지도록 먹지 말고, 취하도록 마시지 마라.
2. **침묵**SILENCE : 타인 혹은 자신에게 도움이 될 만한 것이 아니면 말하지 말라. 쓸데없는 대화를 피하라.

3. **질서**ORDER : 모든 물건은 제자리에 정돈하라. 모든 일은 정해진 시간을 지켜라.

4. **결단**RESOLUTION : 해야 할 일을 해내겠다고 결심하라. 결심한 것은 반드시 해내라.

5. **절약**FRUGALITY : 타인이나 자신에게 도움이 되는 것 외에는 소비하지 말라. 즉 조금도 낭비하지 마라.

6. **근면**INDUSTRY : 시간을 헛되이 쓰지 말고, 항상 유익한 일을 하며, 불필요한 행동은 하지 마라.

7. **진실**SINCERITY : 상처를 주는 속임수를 사용하지 말라. 악의 없이 공정하게 생각하라. 그리고 말할 때도 이같이 하라.

8. **정의**JUSTICE : 누구에게도 해를 끼치지 말고, 응당 주어야 할 이익을 빠트리지 마라.

9. **중용**MODERATION : 극단을 피하라, 즉 상처를 입었을 때 그에 대해 과도하게 반응하지 마라.

10. **청결**CLEANNESS : 몸과 옷, 집안을 청결하게 하라.

11. **평정**TRANQUILITY : 사소한 일, 일상적이거나 불가피한 사고에 동요하지 마라.

12. **순결**CHASTITY : 성관계는 건강이나 자녀 출산을 위한 경우가 아니면 가급적 삼가라. 감각이 둔해지거나 몸이 약해지거나, 자신 또는 타인의 평안이나 평판을 해치는 방식으로는 결코 하지 마라.

13. **겸손**HUMILITY : 예수와 소크라테스를 본받아라.[7]

호루라기에 너무 큰돈을 쓰지 마라

내 목적은 이 모든 덕목을 습관화하는 것이었으므로 한꺼번에 전부 시도하다 이도저도 안 되는 것보다는 한 번에 하나씩 집중하는 것이 좋겠다고 판단했다. 하나의 덕목이 완전히 몸에 배면, 다음 덕목으로 넘어가는 식으로 열세 가지 덕목을 모두 습관화할 때까지 계속했다. 덕목의 순서는 습득한 덕목이 다른 덕목에 도움이 될 수 있도록 정리했다. 그래서 첫째 덕목을 '절제'로 정했다. 절제는 냉철하고 명료한 사고에 도움이 되므로 끊기 어려운 오래된 습관과 끝없는 유혹의 힘을 물리치기 위해 부단히 경계해야 하는 상황에 꼭 필요하다. 절제를 체득해 습관화하면, '침묵'을 습관화하기는 더 쉬워질 것이다. 또한 나는 덕을 높이면서 동시에 지식도 얻고 싶었는데, 그러려면 대화할 때 떠들기보다 귀를 기울여야 한다고 생각했다. 그래서 주절주절 지껄이고, 말장난하고, 농담하는 습관을 없애고 싶었다. 이런 습관은 의미 없는 관계만 맺게 할 뿐이었다. 그래서 두 번째 덕목으로 '침묵'을 택했다. 나는 침묵과 그다음 덕목인 '질서'를 통해 해야 할 과제와 연구에 집중할 시간을 더 많이 확보할 수 있으리라 생각했다. '결단'이 습관화되면 나머지 덕목들을 습득하려는 의지를 확고히 할 수 있을 것이다. '절약'과 '근면'은 빚에서 나를 해방시켜 부와 경제적 자립을 가져다줄 것이고, '진실'과 '정의'를 실천하기 쉽게 해줄 것이다. 피타고라스가 《황금시편Golden Verses》에서 조언한 대로* 매일

---

* 잠들기 전에 하루를 세 가지 질문으로 돌아보라. 오늘 잘못한 일은 무엇인가? 내가 한 일은 무엇인가? 해야 했지만 하지 못한 일은 무엇인가?

2. 덕의 기술

절제

몸이나 머리가 둔해지도록 먹지 말고, 취하도록 마시지 마라.

	월	화	수	목	금	토	일
절제							
침묵	*	*		*		*	
질서	**	*	*		*	*	*
결단			*			*	
절약		*			*		
근면			*				
진실							
정의							
중용							
청결							
평정							
순결							
겸손							

이 과제를 평가할 필요가 있겠다는 생각에 다음과 같은 방법을 고안했다.

작은 노트를 마련해 한 페이지당 한 덕목씩 할당했다. 페이지마다 빨간색으로 세로줄을 그어 일곱 개의 열을 만들고 각 열의 첫 칸에 요일을 적었다. 여기에 다시 가로로 열세 줄을 그어 각 행의 첫 칸에 덕목을 적었다. 그리고 매일 해당 덕목을 검토하면서 실천하지 못

호루라기에 너무 큰돈을 쓰지 마라

했을 때마다 해당 칸에 작게 검은 점을 표시하기로 했다.

일주일 동안 한 덕목에만 온전히 집중하기로 했다. 그래서 첫 주에는 다른 덕목은 두고 절제에만 집중해 매일 저녁 그날 잘못한 것을 표시했다. 첫 주에 '절제'라고 표시된 첫 줄에 검은색 점이 없으면 절제력이 강화된 것으로 간주했다. 그리고 다음 덕목으로 넘어가 이어지는 주에는 절제를 포함한 두 가지 덕목에 검은색 점이 찍히지 않도록 노력했다. 이렇게 마지막 덕목까지 계속 진행하면 13주 만에 한 과정을, 그리고 1년에 네 번의 과정을 완수할 수 있다. 정원사가 잡초를 뽑을 때도 한꺼번에 다 하지 않고 한 번에 한 화단씩 뽑듯이, 나도 내 표를 한 줄 한 줄 비우면서 내가 이룬 진전을 눈으로 확인하면 더 힘을 낼 수 있을 것이고, 13주에 걸쳐 매일 평가한 후 깨끗한 표를 보면 큰 기쁨을 느낄 수 있으리라 생각했다.[8]

인간은
약하다

꾸준히 스스로에게
동기를 부여해야 하는 이유

▍나는 이 작은 책에 조지프 애디슨의 비극 《카토》에서 나온 다음 구절을 좌우명으로 적어두었다.

> 나는 단언한다. 우리 위에 어떤 힘이 있다면
>
> (그리고 그런 힘은 존재한다. 만물이 큰 소리로 외치고 있다,
>
> 그가 행한 일을 통해) 그는 분명 덕을 기뻐할 것이다.
>
> 그리고 그가 기뻐하는 것은 반드시 행복하리라.

솔로몬의 《잠언》(3장 16~17절)에서도 지혜와 덕을 말한다.

호루라기에 너무 큰돈을 쓰지 마라

그 오른손에는 장수長壽가 있고, 그 왼손에는 부귀영화가 있다.
지혜의 길은 즐거운 길이요, 그 모든 길에는 평안이 있다.

하느님이 지혜의 원천이라고 생각하는 나는 지혜를 얻으려면 그분의 도움을 구하는 것이 바람직하고 필요하다고 생각했다. 그래서 나는 짧은 기도문을 작성해 평가일람표 앞에 붙이고 매일 기도했다.

오 강하고 선하신 아버지! 자비로운 인도자시여! 진정으로 이로운 것을 발견할 수 있는 지혜를, 지혜의 가르침에 따라 행동할 수 있는 강한 결단력을 허락하소서. 당신의 다른 자녀들에게 제가 보내는 친절을 받아주소서. 당신께서 내려주신 끊임없는 은혜에 제가 보답할 길은 이것뿐입니다.

때로는 제임스 톰슨의 시에서 발췌한 짧은 기도를 올리기도 했다.

빛과 생명의 아버지, 선하고 위대하신 이여!
오 부디 제게 선이 무엇인지, 당신이 누구인지 알게 하소서!
어리석음, 자만, 악덕으로부터,
모든 저급한 열망으로부터 저를 구하시고
지식과 의식적인 평온, 순수한 덕,
신성하고 본질적이며 결코 바래지 않는 기쁨으로
제 영혼을 채우소서![9]

이젠
실행이다

“전혀 시도하지 않았더라면
어땠을지 상상해보라”

나는 이 자기평가 계획을 실행했다. 가끔 쉬기도 했지만 평가는 계속 진행했다. 내가 저지르는 잘못이 생각보다 많아서 깜짝 놀랐지만, 점차 줄어드는 것을 보며 만족감을 느꼈다. (…) 시간이 흐르면서 한 과정을 1년에 한 번, 그 후에는 몇 년에 한 번씩 하다가 결국 나중에는 아예 하지 않게 되었다. 여행과 해외 출장처럼 방해되는 일이 수없이 많았기 때문이다. 그래도 나는 이 작은 노트를 항상 지니고 다녔다.

질서를 실천하기가 가장 어려웠다. 인쇄공처럼 언제 뭘 할지를 자기가 정할 수 있다면 모를까, 세상 사람들과 어울려야 하고 혼자만의 시간에도 종종 업무와 관련된 사람을 만나야 하는 나 같은 인쇄소

사장은 정확히 시간을 지키기가 어려웠다. 물건들이나 서류들을 제자리에 두는 것도 습관화하기가 무척 어려웠다. 나는 어릴 때도 정돈에 익숙하지 않았는데, 기억력이 좋아서 체계가 없어도 크게 불편하지 않았기 때문이다. 그래서 이 덕목에 괴로울 정도로 주의를 기울여야 했고, 지키지 못할 때면 매우 괴로웠다. 나아지는 것 없이 계속해서 실패만 하자, 차라리 '도끼를 산 한 남자'처럼 내 성격적 결함을 그냥 받아들이고 대충 만족하며 살까 하는 생각도 했다.

한 남자가 내 이웃 대장장이에게 도끼를 샀다. 그리고 도끼 표면 전체를 도끼날처럼 반짝반짝 빛나게 해달라고 했다. 대장장이는 숫돌바퀴를 돌려주면 도끼를 갈아주겠다고 했다. 하지만 대장장이가 숫돌에 도끼의 넓은 면을 있는 힘껏 누르고 있어 바퀴를 돌리기가 쉽지 않았다. 남자는 이따금 바퀴 돌리기를 멈추고 어떻게 되어가는지 살펴봤고 결국에는 더 이상 갈지 않고 그 상태 그대로 가지고 가겠다고 했다. 그러자 대장장이가 말했다. "안 돼요, 계속 돌려요. 도끼는 곧 번쩍번쩍해질 거요. 이대로 멈추면 얼룩덜룩하기만 할 뿐이오." 그러자 남자가 말했다. "맞아요, 하지만 나는 얼룩덜룩한 도끼가 좋소."

내 생각엔 많이 이들이 이 남자와 같다. 그들은 내가 사용했던 방법을 찾지 못해 좋은 습관을 기르고 나쁜 습관을 없애는 과정에서 어려움을 겪다가 결국에는 '얼룩덜룩한 도끼가 더 좋다'라고 결론을 내린다. 가끔은 이성의 탈을 쓴 무언가가 내게 말하곤 했다. 내가 나 자신에게 요구하는 그런 극단적인 완벽함은 남들의 비웃음을 살 일종의 도덕적 허영일지 모른다고, 완벽한 인격은 오히려 시샘과 미움을 받을 수 있다고, 관대한 사람이라면 자신의 작은 잘못 정도는 허용해서 친구들의 체면을 세워줘야 한다고 말이다.

사실 나는 질서에 있어 나 자신이 구제불능이라고 느꼈다. 그리고 이제 나이가 들어 기억력이 나빠지면서 질서의 부족을 절실하게 느끼고 있다. 하지만 비록 내가 그토록 원했던 완벽함에는 도달하지 못했지만, 전혀 시도하지 않았더라면 어땠을지 상상해보면 내가 기울인 노력 덕분에 나는 대체로 더 행복하고 더 나은 사람이 되었다고 생각한다. 인쇄된 글씨를 따라 쓰며 완벽한 손 글씨를 목표로 하는 사람이 비록 그토록 원하던 인쇄본의 탁월한 글씨에는 도달하지 못하더라도 그간의 노력 덕분에 필체가 선명하고 또렷하게 고쳐져 꽤 괜찮아지듯이 말이다.

내가 지난 79년 동안 행복하게 살 수 있었던 것은 하느님의 은혜와 이 작은 꾀 덕분이라는 사실을 후손들이 알아두면 좋겠다. 앞으로 남은 생에 어떤 어려움이 닥칠지는 하느님의 뜻에 달려 있다. 하지만 어려움이 생기더라도 과거에 누린 행복을 떠올리면 겸허히 받아들이고 잘 견뎌낼 수 있을 것 같다. 절제 덕에 나는 오래도록 건강을 누렸고 지금도 건강하다. 근면과 절약 덕에 나는 일찍이 안락한 환경과 부, 그리고 지식을 얻었다. 그 덕분에 사회에 필요한 시민이 되었고 학식 있는 사람들 사이에서도 어느 정도 평판을 얻을 수 있었다.

호루라기에 너무 큰돈을 쓰지 마라

진실과 정의 덕분에 국가의 신뢰를 받고 명예로운 일들을 부여받았다. 내 비록 이 모든 덕목들을 완벽하게 체득하지는 못했지만, 그래도 노력해서 쌓은 덕목들의 영향으로 차분함을 유지하면서도 유쾌하게 대화에 참여할 수 있게 되었다. 그 덕분일까, 아직도 나와 함께하려는 사람이 많고 젊은 세대와도 친분을 쌓고 있다. 그러므로 내 후손들도 나의 선례를 참고해 이런 복을 누리기를 바란다.[10]

3.

인간의
치명적
한계

_____

"사람은 자신의
진정한 이익과 정반대의
길로 갈 때가 많다"

미래를
보지 못하는
인간

"우리는 우리에게
무엇이 이득인지
모른다"

인간이 처한 모든 상황에는 나름의 불편함이 있습니다. 우리는 지금 우리 눈앞에 있는 불편함은 분명하게 느끼지만, 다른 시간과 장소에 있는 불편함은 보지도 느끼지도 못합니다. 그래서 우리는 종종 깊이 생각하지 않고 현재의 상황을 바꾸려 하며, 그런 변화는 때로 상황을 더 악화시키기도 합니다.

젊은 시절, 나는 델라웨어 강을 따라 내려가는 작은 범선을 탄 적이 있습니다. 그날은 바람도 불지 않았고, 썰물도 끝나버려 우리는 닻을 내리고 다음 물때를 기다릴 수밖에 없었습니다. 배 위로 내리쬐는 햇볕은 몹시 뜨거웠고, 함께 탄 낯선 이들도 별로 마음에 들지 않아 그곳에 가만히 있는 게 불편했습니다.

그때 강가에 펼쳐진 푸르고 쾌적해 보이는 초원이 눈에 들어왔습니다. 그 한가운데 우람한 나무 한 그루가 서 있었고, 나는 그 나무 그늘 아래 앉아 주머니 속에 있던 책을 읽으면 시원하게 시간을 보낼 수 있을 거라고 상상했습니다. 그래서 선장을 설득해 강기슭에 내려달라고 했습니다.

그러나 막상 배에서 내려 초원에 발을 들여 보니, 그곳은 사실 습지였습니다. 나무에 다가가기 위해 걷는 동안 무릎까지 진흙에 빠졌고, 나무 그늘 아래 도착하자마자 모기 떼가 몰려들어 다리와 손, 얼굴을 마구 물기 시작했습니다. 결국 책을 읽기는커녕 5분도 채 머무를 수 없어, 다시 배로 돌아가겠다고 요청해야 했습니다. 돌아온 배 위에서는 피하려 했던 뜨거운 햇볕은 물론, 함께 탔던 사람들의 조롱까지 견뎌야 했습니다.

인생에서는 이런 일이 자주 일어납니다.[11]

다람쥐 '멍고'를
추모하며

"멍고는
왜 우리를 벗어나
화를 당했나"

▌조지아나 쉬플리 양에게

우리를 탈출해 양치는 개에게 죽임을 당한 쉬플리 양의 다람쥐를 추모하며, 1772년 9월 26일, 런던

친애하는 쉬플리 양, 불행히도 양치기 개의 공격을 받고 목숨을 잃은 당신의 사랑스러운 다람쥐 멍고의 죽음을 진심으로 애도합니다. 멍고는 훌륭한 교육을 받았고, 많은 여행을 통해 세상을 두루 경험한 동물이었습니다. 그는 성품이 온화했고, 호기심이 많았으며, 생명을 존중할 줄 아는 존재였습니다. 그런 멍고를 기리기 위해서는 단

호루라기에 너무 큰돈을 쓰지 마라

순한 애가나 흔한 비문보다 더 적절한 방식이 필요하다고 생각합니다. 운문으로 표현하면 이 슬픔의 깊이가 가볍게 여겨질 수 있고, 산문으로 쓰자니 감정이 충분히 담기지 않을 것 같군요. 그래서 그 둘의 중간쯤 되는, 기념비적인 문체로 비문을 지어 멍고에게 바칩니다.

비문

아! 가여운 멍고여!

자신이 누리는 더없는 복을 알았더라면

그대는 여전히 행복했을 텐데.

고향 숲의 폭군, 날카로운 발톱의 독수리와

무정한 사냥꾼의 치명적인 총도 두려워할 필요 없었지.

철망의 성城 안에서 안전했던 그대를

심술궂은 늙은 고양이조차 괴롭힐 수 없었네.

매일 정성껏 마련된 음식과

다정한 여주인의 손길이 함께했구나.

하지만 만족하지 못한 그대는

더 큰 자유를 원했고,

너무나 금세, 아아! 그대는 그 자유를 얻었지

하지만 이내 방황하다

잔혹한 감시자의 무자비한 손에 이르렀구나.

그러므로 배우게.

3. 인간의 치명적 한계

국민이든, 아들이든, 다람쥐든, 딸이든
맹목적으로 더 큰 자유를 좇았던 그대여
규제가 진정한 보호일 수 있다는 것을.
울타리가 안전과 풍요를 가져온다는 것을.

쉬플리 양, 이 괴이하고 기념비적인 형태의 비문이 다음 비문에 비해 얼마나 좋은지 보이시지요?

여기, 다람쥐가
양탄자 속
벌레처럼
누워 있네.

하지만 세상에는 감정이 무뎌 이 정도의 비문이면 충분하다고 여기는 이들도 있겠지요.
당신이 원한다면 멍고를 대신할 또 다른 다람쥐를 구해드릴 수는 있겠지만, 멍고의 빈자리를 그렇게 쉽게 채울 수는 없겠지요. 그는 떠났지만, 저는 언제나 당신의 진실한 친구로 남을 것입니다. 가족 모두에게 저의 따뜻한 인사를 전해주세요.
언제까지나 당신의 다정한 친구가.[12]

호루라기에 너무 큰돈을 쓰지 마라

어느 어리석고
사악한 왕자

**"무엇이 중요하고
무엇이 본질인지
모를 때……"**

사악한 왕자는 왕관이 절대 권력을 통해 새로운 명예를 얻는다고 생각했다. 그러나 그가 왕관을 얻기 위해 발걸음을 옮길수록, 그 영광은 점점 멀어지고 있었다.

그의 행위는 어리석고 혐오스러웠다. 그는 그토록 명예와 권력을 갈망하며 추구했지만, 그 길은 갈수록 불명예와 모욕으로 이어졌고, 결국 그는 조국의 재앙이자 골칫거리가 되었다. 이는 전적으로 그의 오판 때문이었다.

스튜어트 왕가의 수치는 (앤 여왕의 치세를 제외하고) 왕가와 국민 사이에 끊임없는 불화를 낳았다. 그 결과는 무엇이었는가? 한 사람은 교수대에서 처형당했고, 또 다른 사람은 추방되었다.*

이 사건의 기억은 지금도 조국을 사랑하는 이들을 괴롭히며, 그들의 통치는 영국 역사에 지울 수 없는 오점으로 남아 있다.

엘리자베스 여왕의 치세는 극명한 대비를 이룬다. 엘리자베스 여왕의 시선은 공공의 이익이라는 하나의 목표에 집중되어 있었다. 그녀는 국민의 사랑을 얻으려 꾸준히 노력했다. 다만 아첨이나 회유가 아닌 실질적인 유익을 줌으로써 국민을 자신의 굳건한 지지자로 만들었다. 그녀의 정책은 국민의 권리를 침해하는 것과는 거리가 멀었다. 오히려 국민의 권리를 확대하고 보장했다.[13]

---

* 찰스 1세는 왕권 강화를 추진하다 국민의 반발을 샀고, 1649년 단두대에서 처형되었다. 제임스 2세는 1688년 명예 혁명으로 퇴위되고 프랑스로 추방당했다.

호루라기에 너무 큰돈을 쓰지 마라

영국은
왜 그랬을까

"개인뿐만 아니라
국가마저도
욕망에 눈이 먼다"

식민지[미국]는 정착 초기부터 역사상 유례가 없을 만큼 자유롭게 통치되었고, 본국[영국]과의 물리적 거리로 인해 그 통치도 느슨했다. 그들은 영국의 온화한 통치를 받는 동안 왕의 명령뿐 아니라 영국 의회의 법률에도 절대적으로 순종했다. 자신들의 권리를 대변하지 않는 입법부의 지시를 왜 따라야 하는지는 이해할 수 없었지만, 식민지 사람들은 영국에 대한 애정과 존경으로 영국식 스타일과 제품을 편애했고, 굳이 원하지도 않던 외국 상품의 수입 규제도 기꺼이 받아들였다. 영국은 이런 독점을 통해 자국 상인과 제조업자들에게 큰 부를 안겼다.

그러나 인지조례*라는 잘못된 정책은 이러한 조화로운 관계를 깨뜨렸다. 이 조례로 인해 미대륙 전역에서 결사 단체들이 조직됐고, 이들은 법이 폐지될 때까지 영국과의 무역 중단을 선언했다. 대부분의 세금은 철폐되었지만, '차tea'에 부과된 세금만은 예외였다. 이는 과세 권리는 자신들에게 있다는 사실을 과시하려는 영국 의회의 의도 때문이었다.

이 허점을 이용해 네덜란드, 덴마크, 프랑스는 자신들의 차를 미국에 밀수하기 시작했고, 시간이 지나면서 이 밀수는 점점 더 용이해졌다. 당시 미국에는 하루 두 번씩 차를 마시는 인구가 100만 명에 달했다. 개인당 연간 소비액은 0.5기니도 되지 않았지만, 인지조례 시행 이후 5년 동안 이 차 시장에서만 미국인들은 약 250만 기니를 지불했다. 말하자면, 아무런 실익도 없이 막대한 돈이 외국으로 흘러나간 셈이다.

반면, 영국이 식민지에서 실제로 거둔 세금은 극히 미미해, 한 해 총 송금액이 고작 85파운드에 그쳤다. 하지만 세금 징수를 위한 선박과 병사 유지에는 수십만 파운드가 들었다. 미국에서 팔려던 차와 인도산 상품들은 회사 창고에 쌓여 썩어가고 있었고, 외국 항구의 상품들은 미국인의 수요로 모두 소진되었다. 회사는 지불 능력을

---

*　영국이 북아메리카 식민지(미국)에서 인쇄물에 세금을 부과한 조례. 영국 정부는 프렌치-인디언 전쟁의 비용을 충당하기 위해 식민지에 세금을 징수하려 했으나 식민지의 강경 반대로 이듬해 철폐되었다. 이 사건은 미국 독립 전쟁의 중요한 계기가 되었다.

상실해 주가가 폭락했고 수백만 파운드의 자산이 증발했으며, 배당금도 줄어들어 많은 이들이 고통을 겪었다. 영국 정부의 손실은 연간 40만 파운드에 달했고, 이는 국가가 축적해둔 채무 상환 자금을 그만큼 감소시켰다. 은행과 가계 경제도 심각한 타격을 입었으며, 상품의 유통 차질로 인해 런던의 스피털필즈와 맨체스터의 산업도 침체되었다. 이 외에도 상업 구조 전반의 복잡하고 드러나지 않은 연관성으로 인해 예측할 수 없는 해악들이 계속해서 발생할 수밖에 없었다.[14]

전쟁이란
무엇인가

인간이 저지르는
가장 어리석은 짓!

▌ 영국은 이 군사작전에서 300만 파운드를 들여 150명의 양키를 죽였
습니다. 한 명당 약 2만 파운드를 지불한 셈이지요. 벙커힐 전투로 1마
일(약 1.6킬로미터)의 땅을 얻었지만, 우리가 플로드힐을 차지하면서 그
절반을 잃었습니다. 같은 시기에 미국에서는 약 6만 명의 아이가 태어
났습니다. 이 수치를 바탕으로 계산해보면, 영국이 우리 모두를 죽이
고 이 나라를 완전히 정복하려면 얼마나 많은 비용과 시간이 필요할
지 알 수 있을 것입니다.[15]

▌ 미국 내에서 불화를 조장한 총독들을 처벌하고, 불에 탄 마을들을

호루라기에 너무 큰돈을 쓰지 마라

재건하며, 우리가 입은 피해를 복구한다면, 영국은 우리의 존경을 회복하고 성장하는 미국 상업에서 많은 이익을 얻을 수 있을 것입니다. 그러나 영국은, 자만심은 넘치고 지혜는 부족하다는 점에서 그런 조치는 취하지 않을 것 같습니다. 호전적인 국가의 정복욕, 야심 찬 국가의 권력욕, 상업 국가의 독점욕이(물론, 그 어느 것도 전쟁의 정당한 이유는 아닙니다) 결합해 진정한 국익을 보지 못하게 만들고, 감당할 수 없는 장거리 원정을 부추깁니다. 이런 원정은 결국 생명과 재산을 모두 파괴하고, 십자군 전쟁이 유럽의 많은 국가들을 황폐화시켰듯이, 영국에도 치명적인 결과를 초래할 것입니다.[16]

▌ 당신[프랑스의 라파예트 장군]은 이 상황에서 영국이 어떤 행동을 취할지, 그리고 평화 협상을 제안할지에 대해 저의 의견을 물었습니다. 제가 영국을 판단하는 기준은 하나뿐입니다. 신중한 선택은 피하고, 가장 경솔한 선택을 한다는 것입니다. 물론 모든 법칙에 예외는 있지만, 현재의 내각이 유지되는 한, 더 정확하게 말한다면, 지금의 미치광이가 각료를 선임하는 한, 이 판단 기준은 대체로 맞을 것입니다.[17]

▌ 당신[라파예트 장군]의 친구들은 당신이 아널드*에 대항하고 있다는 소식을 듣고, 당신이 승리를 거두어 그를 벌하기를 고대하고 있습니

---

* 베네딕트 아널드(Benedict Arnold)는 미국 독립전쟁에서 많은 공을 세웠지만 영국 편으로 돌아섰다. 그는 매국노이자 배신의 상징으로 유명하다.

다. 동봉한 편지는 우리 순양함이 영국에 있는 아널드의 대리인에게서 확보한 것으로, 그가 배신의 대가로 무엇을 받았는지 가늠할 수 있습니다. 가룟 유다는 예수 한 사람을 팔고 은화 30냥을 받았습니다. 하지만 아널드는 300만 명의 국민을 팔고도, 한 사람당 반 페니조차 받지 못했습니다. 그와 가족에게 남은 불명예에 비하면, 이 얼마나 수치스러운 거래입니까![18]

┃ 10일에 보내주신 편지는 잘 받았습니다. 저도 당신처럼 영국이 뉴욕과 찰스턴에서 철수할 거라고 생각합니다. 의회의 최근 결정으로 그곳 주둔군은 더 이상 의미가 없어졌고, 영국이 보유한 나머지 섬 식민지를 방어하려면 그 병력이 절실하기 때문입니다. 그 섬들에는 현재 3000명도 안 되는 병력만이 남아 있습니다. 사실 이런 판단은 너무나 자명해서, 영국도 그렇게 하지 않을 수 없을 것입니다. 하지만 지난 몇 년 동안 그들이 얼마나 비합리적으로 행동해왔는지를 생각해보면, 아무리 상식적인 일이라도 꼭 그렇게 할 거라는 기대가 생기지 않습니다.[19]

인간의 한계를
치유하는 법

"욕망을 내려놓는
즐거움을 기억하라"

〔프랑스의 과학자 아베 놀레는 프랭클린의 피뢰침 연구를 공개적으로 비판했지만, 프랭클린은 이에 대응하지 않았다. 몇 년 뒤 아들에게 쓴 편지에서〕 어젯밤 파리에서 보내온 편지를 한 통 받았다. 그곳의 왕립 아카데미에서 외국인 회원으로 나를 선출했다는 내용이더구나. 그곳은 세계 최고의 학회로 평가받는 곳이지. 흥미롭게도 이 학회의 회원인 아베 놀레는 내 이론을 열심히 반대하던 사람이었다. 나는 그에게 한 마디의 답변도 하지 않았지. 그래서 이번 일은 잉크 한 방울 흘리지 않고 얻은 승리라 할 수 있단다. 듣자 하니 아베 놀레파는 이제 한 명만 남았다고 한다. 그는 자신과 견해가 다른 사람들, 특히 전

기를 조금이라도 아는 나머지 모두를 이른바 '프랭클린파'라고 부른다고 한다.[20]

▎ 나는 내 과학적 견해를 옹호하기 위해 논쟁을 벌인 적이 없습니다. 내 견해가 세상에 알려지도록 그냥 내버려두었습니다. 만약 내 견해가 옳다면 진실과 경험이 이를 뒷받침할 것이고, 그르다면 반박되어 거부당할 것이기 때문입니다. 논쟁은 사람의 감정을 상하게 하여 마음의 평화를 해치기 쉽습니다. 내 발명이 세상에서 어떤 평가를 받든 나는 아무런 관심이 없습니다. 실제로 나는 그런 발명으로 어떤 이익을 얻은 적도, 얻으려 한 적도 없습니다.[21]

▎ [독립전쟁 전, 영국 주재 펜실베이니아 대표였던 프랭클린은 체신부 차관으로 일하며 적자 기관을 흑자로 돌려놨다. 그러나 그의 조례 폐지 노력이 영국 수상의 심기를 건드렸고, 결국 그는 직책을 위협받게 되었다. 이에 대해 누이에게 편지를 보낸다] 그들이 마음을 바꿔 나를 물러나게 할 수도 있지. 하지만 나는 그런 걱정 때문에 내 정치적 입장을 바꾸지는 않을 것이다. 공적인 일에서 사적인 이익을 고려하지 않고, 그 순간 내가 옳다고 믿는 길을 정직하게 따르며, 결과는 신께 맡기는 게 내 삶의 원칙이야. 내가 젊었을 때 그나마 바른길로 나아갈 수 있었던 것도 생계를 꾸릴 수 있는 사업이 있고, 적은 것으로도 살아갈 수 있다는 걸 깨달았기 때문이지. 나는 부자가 되려는 욕심이

호루라기에 너무 큰돈을 쓰지 마라

없었고, 내 사업에서 나오는 수입에 만족했다. 직위나 지위에서 오는 수익이 없음에도, 인생의 종착역에 가까워진 지금은 돈 쓸 일이 더 없어져 오히려 자유와 청렴함을 지키기가 쉬워졌다. 하느님의 은혜 덕분에(엄청난 불행이 닥치지 않는 한), 지금 가진 것만으로도 나는 충분하다.[22]

▌ [자신이 쓴 글에 대한 비판 때문에 상심하고 있는 친구에게] 나는 자네의 글만큼 감동적인 글을 읽어본 적이 거의 없네. 고결하고 진실한 정서, 따뜻하고 생동감 있는 언어가 돋보였네. 하지만 친구들의 혹평이 때로는 칭찬보다 더 유익할 수 있다는 점을 잊지 마시게. 나는 자네가 불쾌하게 여긴 〈리뷰Review〉의 인용문뿐 아니라, 65쪽과 79쪽에 나오는 적들에 대한 자네의 분노도 생략해야 했다고 생각하네. 이런 경우에는 무시하고 내버려두는 것이 가장 고결한 승리를 선물한다네.[23]

'확실히!
의심의 여지 없이!'의
숨은 뜻

"우리는
의견을 표현할 때
너무 쉽게 스스로를
절대화한다"

내 언어 능력을 향상시키고자 하던 무렵, 영문법 책 하나를 발견했다. 책 마지막 부분에는 수사학과 논리학의 기술에 대한 개요가 실려 있었고, 논리학 부분은 소크라테스식 논쟁을 사례로 들며 마무리되어 있었다. 나는 곧 크세노폰의 《소크라테스의 회상록Memorable Things of Socrates》을 구했는데, 그 안에는 같은 방식의 논쟁 사례들이 많이 담겨 있었다. 나는 이 방식에 매료되어, 반박하거나 논리적으로 입증하기보다는 의문을 제기하고 겸손하게 질문하는 자세를 따르게 되었다.

나는 몇 년간 이 방법을 지속하다가 점차 그만두게 되었지만, 내 의견을 겸손하고 조심스럽게 표현하는 습관만큼은 아직도 남아 있다. '확실히', '의심의 여지 없이'와 같은 단정적인 표현은 피하고, '나는 이러저러하다고 생각한다(또는 이해한다)'라든가, '내게는 이렇게 보인다' '그럴 것 같다' '내가 잘못 판단하는 게 아니라면 이런 것 같다'처럼 말하는 식이다. 이런 습관은 내 의견을 주장할 때나 내가 권하는 방법을 설득할 때 장점으로 작용했다. 그리고 대화의 목적이 정보를 주고받거나, 남을 기쁘게 하거나, 설득하는 데 있다면, 확신에 찬 거만한 태도는 사람들의 반감을 사기 쉽고, 대화의 본래 목적을 이루지 못하게 만든다. 독단적인 표현은 듣는 이의 기분을 상하게 하여 편견을 갖게 만들고, 정보를 얻거나 의견을 조율할 기회를 앗아갈 수 있다. 다른 이의 지식을 배워 발전하기를 바라면서도 자신의 의견만을 확고하게 내세운다면 논쟁을 좋아하지 않는 겸손하고 분별 있는 사람들은 설령 내 의견에 오류가 있더라도 굳이 지적하지 않을 것이다. 또한 그런 태도로는 청중을 즐겁게 하거나 설득하여 협조를 끌어낼 수 없다.[24]

공공의 이익을
원한다면

"자기 자신을
내세우지 마라"

내가 펜실베이니아에 정착했을 때, 보스턴 이남의 식민지에는 괜찮은 서점이 없었다. 독서를 좋아하는 이들은 영국에서 책을 주문해야 했는데, 준토* 회원들은 각자 책을 몇 권씩 갖고 있었다. 우리는 처음 만난 선술집에서 나와 클럽 모임 장소를 새로 마련했고, 나는 각자의 책을 그곳에 모아두고 회의 때 참고하거나, 집으로 가져가 읽을 수

---

* 준토(Junto)는 벤저민 프랭클린이 1727년에 필라델피아에서 만든 지식과 도덕을 향상시키기 위한 모임으로 주로 젊은 장인, 상인, 자영업자 등으로 구성되어 있었다. 정기적으로 만나 철학, 정치, 경제 등의 주제에 대해 토론했다. 프랭클린은 이를 통해 개인의 성장과 공동체의 발전을 도모하고자 했고, 후에 공공도서관 설립, 시민 소방대 조직 등 여러 사회적 프로젝트로 이어졌다.

호루라기에 너무 큰돈을 쓰지 마라

있게 하자고 제안했다. 이 제안은 받아들여졌고, 모두 만족했다.

이 작은 도서관의 장점을 깨달은 나는, 더 많은 사람이 책의 혜택을 누릴 수 있도록 회원제 공공 도서관을 만들자고 제안했다. 나는 대략적인 계획과 규칙을 마련했고, 숙련된 양도 전문 변호사 찰스 브록든에게 이런 내용을 담은 가입 신청서를 만들어 달라고 요청했다. 회원 가입자는 일정 금액을 가입비로 내서 책을 구입하고, 매년 추가 기부를 통해 장서를 늘려나가기로 했다. 당시 필라델피아에는 책을 읽는 사람이 거의 없었고, 대부분 가난해서 50명 이상 모으기도 어려웠다. 그런 상황에서도 대개 젊은 상인이었던 이들은 40실링의 초기 비용과 이후 매년 10실링의 추가 출자를 기꺼이 받아들였다.

그러나 이 계획을 처음 제안했을 때는 사람들의 거부나 망설임에 부딪혀야 했다. 그때 나는 사람들이 공공의 선을 위해 힘을 모아야 할 때, 제안자가 자신의 명성을 드러내려는 태도는 오히려 방해가 될 수 있다는 사실을 깨달았다. 그래서 나는 이 계획이 여러 사람의 공동 제안인 것처럼 알렸으며, 친구들에게도 내가 눈에 띄지 않는 것이 전략이라고 말했다. 그 결과, 일이 매끄럽게 진행되었고 이후에도 이 전략은 여러 번 성공을 거두었다. 지금 자신의 허영심을 조금 희생하면, 결국 충분한 보상을 받을 것이다. 만약 그 공로가 누구에게 있는지 불확실한 상황이라면, 분명 당신보다 더 허영심이 강한 누군가가 그 공로를 주장할 텐데, 이때는 심지어 질투조차도 이 강탈당한 깃털들을 모아 진정한 주인에게 돌려줄 것이다. 그렇게 공정함은 실현될 것이다.[25]

4.

부로
가는
길

_____

"바르게 번 돈은
은혜일 수 있지만,
그 반대는 항상 재앙이다"

가난이
존재하는
이유

계급이 계급을
착취하다

▌[메사추세츠주 의회 대변인인 토머스 쿠싱에게] 아일랜드는 가난한
나라고, 수도 더블린은 매우 아름다운 도시지만 그곳의 하층민은 충
격적일 만큼 극심한 빈곤 속에 살고 있습니다. 그들은 진흙과 지푸라
기로 만든, 금방이라도 무너질 것 같은 집에서 누더기 옷을 입고 감
자로 연명하고 있습니다. 그에 비하면, 미국 뉴잉글랜드의 가장 가난
한 농부조차도 편의품이나 편의시설 차원에서는 왕과 같은 생활을
하고 있다고 할 수 있습니다. 이러한 빈곤은 산업 발전이 지체된 탓
도 있지만, 무엇보다 땅을 소유한 지주들이 아일랜드 밖에 살면서 연
금만 챙기는 데서 기인합니다. 지주들은 땅을 장기 임대 계약으로 빌

호루라기에 너무 큰돈을 쓰지 마라

려주고, 그 임차인들은 소작농들을 착취하여 그 비용을 충당합니다. 그렇게 임대료와 연금은 대부분 해외로 빠져나갑니다.

한 영국 신사는 내게 이렇게 물었습니다. 북아메리카의 넓고 좋은 목초지와 아일랜드로 수출하는 많은 양의 아마씨를 볼 때, 왜 미국이 아일랜드만큼 서인도제도에 소고기와 버터를 수출하지 않는지, 왜 아일랜드와 아마포 무역은 하지 않는지 이해할 수 없다고 말입니다. 그래서 나는 그에게 미국인들은 매일 소고기와 버터를 먹고, 아마포로 셔츠를 직접 지어 입기 때문일 거라고 말했는데, 그는 바로 납득했습니다. 요컨대, 아일랜드의 주요 수출품은 결국 가난한 소작농들의 등가죽과 뱃가죽을 벗겨낸 덕에 나올 수 있었던 것입니다.[26]

▎영국이 지배한 설탕 섬sugar islands*에서는 흑인 노예의 수가 백인보다 많아졌고, 그 결과 가난한 사람들은 일자리를 잃고 극소수 가문만 막대한 부를 축적했다. 그들은 그 부로 외국산 사치품을 사고, 사치스러운 방식으로 자녀를 양육했다. 그들에게 들어가는 생활비는 가난한 사람 100명은 부양할 수 있는 수준이었다. 노예를 소유한 백인들은 육체노동을 하지 않아 허약해졌고, 대체로 그 자녀의 수도 많지 않았다. 반면 노예들은 굶주린 채로 중노동에 시달려 몸이 망가졌고, 출생률보다 사망률이 높았다. 그래서 아프리카에서의 노예 수

---

* 설탕 원료인 사탕수수 플랜테이션이 활발했던 카리브해의 섬들이다.

입은 끊임없이 이어져야 했다. 한편, 노예가 거의 없는 북부 식민지에서는 백인 인구가 증가했다. 또한 노예제는 그 제도를 이용하는 백인 가정도 타락시켰다. 백인 아이들은 오만해졌고, 노동을 혐오하며, 일도 하지 않은 채 교육만 받았다. 당연히 근면한 생활은 기대할 수 없었다.[27]

호루라기에 너무 큰돈을 쓰지 마라

노동 없는 복지의
치명적 약점

"모든 인간은
게으름을 사랑한다"

제 보잘것없는 글을 읽고 지혜로운 의견을 보내주셔서 감사합니다. 저도 선생님이 언급하신 가난한 영국 노동자들의 기질을 관찰하며, 그것이 꽤 일반적인 현상임을 자주 목격했습니다. 만약 그들이 이곳처럼 임금이 높은 곳에 오게 된다면, 임금이 오르는 만큼 근면함은 줄어들 것이고, 이는 산업 전반의 쇠퇴로 이어질 것입니다. 반면 독일인 노동자들은 늘 근면하고 절약하여 높은 임금으로 저축했고, 그 결과 모두가 부유해졌습니다. 영국인도 독일인의 후예이고, 두 나라 모두 기후가 비슷하므로, 이런 차이는 본성보다는 사회적 구조나 제도에서 비롯된 것이라 생각합니다. 특히 부자가 가난한 사람을 부양

하도록 하는 영국의 법이 빈자의 의존성을 높이고, 노후를 대비하려는 노력을 방해한 것은 아닐까요.

저는 신교 국가의 가난한 사람들이 구교 국가보다 대체로 더 근면하다는 말을 들었습니다. 이 역시 빈민 구제 제도가 구교 국가에 더 많이 마련되어 있어서 빈민들이 자신들의 장래를 덜 대비하게 된 게 아닐까요? 물론 이웃의 고통을 덜어주는 일은 신의 뜻과 일치하지만, 그것이 게으름과 어리석음을 조장한다면, 우리는 신과 자연의 질서에 거스르는 결과를 초래하게 되는 것입니다. 하느님은 어쩌면 결핍과 빈곤을 게으름과 낭비의 적절한 벌이자, 경고, 불가피한 결과로 계획하셨는지도 모릅니다. 하느님의 질서를 바꾸거나, 그분의 섭리에 간섭하려 한다면, 오히려 손해를 입을 수 있습니다. 예전에 뉴잉글랜드에서는 검은새가 옥수수에 해를 끼친다고 판단해 이를 없애려 했지만, 결과적으로 그 새들의 먹이였던 해충이 급증해 들판 전체가 심각한 피해를 입었습니다. 사람들은 결국 검은새가 다시 돌아오기를 기도해야 했지요.

몇 해 전, 동쪽을 실컷 여행한 어느 트란실바니아의 타타르족이 서쪽 세계를 보기 위해 이곳에 왔다가, 서인도제도와 중국 등을 거쳐 고향으로 돌아가려 했습니다. 그는 어느 날 제게 왜 유럽과 아시아의 타타르족, 아메리카 인디언, 아프리카 흑인 등 많은 민족들이 유랑하며 살고, 도시에 살거나 문명 세계의 기술을 배우려 하지 않는지 아냐며 물었습니다. 제가 대답을 생각하던 중, 그는 서투른 영

호루라기에 너무 큰돈을 쓰지 마라

어로 이렇게 말했습니다. "신은 인간을 위해 낙원을 만들고, 게으르게 살 수 있게 했습니다. 그런데 인간이 신을 화나게 하자, 신은 그를 낙원에서 쫓아내고 일을 시켰습니다. 인간은 일을 싫어합니다. 그래서 다시 낙원으로 돌아가 게으르게 살고 싶어 합니다. 그래서 모든 인간은 게으름을 사랑합니다."

그러나 현재의 문제들을 해결하고 잘살기 위해서는 근면과 책임감이 반드시 필요합니다. 그러므로 우리는 가능한 모든 방법을 활용해 가난한 자들을 격려하고 열심히 살려는 동기를 계속 부여해주어야 합니다. 그들이 아무 일을 하지 않고도 연명하게 해주는 것이 아니라 자신에게 맞는 일자리를 주는 방식으로 지원이 이루어져야 합니다. 최근 영국의 여러 지역에서 이러한 목적을 가진 구빈원이 설립되고 있다고 들었습니다. 이런 제도가 일반화된다면, 가난한 사람들도 단순히 생계를 위해 남이 시키는 일만 하기보다는, 미래를 대비해 자발적으로 유익한 일을 계획하게 될 것입니다.[28]

졸부를 꿈꾸는
자들에게

"부는 이성적인 방법으로,
근면과 성실로 쌓는 것!"

▌ 티탄 플레이다에스가 쓰다

선생님, 이 마을과 이 나라 이곳저곳에 엄청난 보물이 묻혀 있다는 소문을 들으셨을 것입니다. (예지력이 있는 당신 친구가 통신원으로 있으니 말이지요.) 하지만 아, 저는 앞서 언급한 불후의 작품들에서 제시한 모든 수단으로도, 또 기발한 P-d-l씨의 수은막대와 자석을 가지고도 목적을 이루지 못했습니다.

그러니 당신과 친분을 맺고자 이 편지를 씁니다.

제게 불운이 계속되고 있지만, 우리가 힘을 합치면 당신과 예지력이 있는 당신의 친구, 그리고 당신의 겸손한 이 종이 이 지역에서 가

호루라기에 너무 큰돈을 쓰지 마라

장 부유한 세 사람이 될 수 있을 거라 확신합니다.

참견꾼Busy-Body이 답하다

이 편지를 받은 날 저녁에 나는 예지력을 가진 친구를 만나 당신의 제안을 상의했습니다. 편지를 읽은 그 친구는 이 식민지에는 더 이상 은이나 금이 찌꺼기조차 없다고 합니다. 최근 돈이 워낙 부족해지다 보니, 예전에 감춰뒀던 사람들이 그것을 꺼내서 다 써버렸다는 겁니다.

다시는 돌아오지 않을 해적들이 묻어두었던 금은보화는, 그 친구가 직접 파내어 불쌍한 이들에게 나눠줬다고도 했습니다. 그리고 공공선을 위해 내가 이 사실을 기사로 써주기를 바랐습니다.

그가 나에게 알려준 바에 따르면, 성실한 기술자들과 노동자들 중 많은 이들이 벼락 부자가 될 수 있다는 헛된 희망에 빠져 자신과 가족을 거의 파멸로 몰고 갈 정도로 본업을 등한시하고, 스스로 몸을 혹사하며 상상 속의 보물을 찾아 아무 성과도 없는 탐사를 계속하고 있습니다. 그들은 낮에는 표식을 찾아 숲과 덤불 사이를 헤매고, 자정이면 삽과 곡괭이를 들고 보물이 있을 것 같은 곳으로 모입니다. 그 장소를 지키고 있다는 악마들이 두려워 온몸을 벌벌 떨면서도, 기대에 부풀어 맹렬히 땅을 팝니다. 결국 거대한 구덩이만 남고…… 아, 주전자 하나조차 나오지 않습니다.

이처럼 보물을 찾겠다고 땅을 파는 기이한 행위는 몇 해 전부터 우리들 사이에서 유행하고 있습니다. 이전에 이곳을 자주 드나들던 해적들이 많은 보물을 묻어두었다는 소문에서 비롯된 것이지요. 마을 밖으로 반 마일만 나가도 사람들이 파놓은 구덩이를 여러 개 볼 수 있습니다. 일부는 최근에 판 것이기도 합니다. 이 모든 것은 졸부가 되려는 지나친 욕망을 품고 그것을 달성할 수 있다고 믿어버린 사람들이 부를 축적하기 위한 이성적인 방법, 즉 근면과 성실을 버린 결과입니다. 보물을 땅에서 찾는다는 생각에는 묘한 매력이 있습니다. 가령 스쿨킬 강의 모래 속에 아주 작은 금 가루가 섞여 있어 유심히 살펴보면 하루에 왕관 반 개 분량의 금을 찾을 수 있다고 믿는다면, (도저히 안 그럴 거라는 의심이 들지 않습니다) 제대로 된 일로 하루에 5실링은 쉽게 벌 수 있는 사람들이 여럿 모여들 겁니다.[29]

호루라기에 너무 큰돈을 쓰지 마라

왜 쓸데없는 것에
돈을 쓰는가

"정작 우리를 망치는 것은
다른 이들의 눈을 의식하는
우리의 눈입니다"

한 정치산술가political arithmetician*의 계산에 따르면, 우리가 매일 단 네 시간씩만 유용한 일을 해도 세상의 모든 생활필수품과 편의품을 충분히 생산할 수 있고, 결핍과 빈곤도 사라질 것이라고 합니다. 그러면 남는 스무 시간은 오락과 즐거움으로 채울 수 있겠지요.

그렇다면 빈곤은 어떤 경우에 생겨나는 걸까요? 사람들이 생활 필수품도 편의품도 아닌 것을 생산하면서, 아무 일도 하지 않는 사람들과 함께 열심히 일한 사람들이 생산한 필수품을 소비할 때입니

---

* 국가 통치에 관한 모든 사항을 수량화하여 추론하는 연구자.

다. 자세히 설명해보겠습니다.

부의 첫 번째 요소는 땅과 바다에서의 노동을 통해 나옵니다. 내가 땅을 가지고 있고 거기서 옥수수를 재배한다고 가정합시다. 만약 내가 아무 일도 하지 않는 가족을 먹여 살린다면, 그 옥수수는 소비되기만 하고, 한 해가 지나도 나는 조금도 부유해지지 않겠지요.

하지만 그들을 고용해 곡물을 주면서 실을 잣게 하거나 벽돌을 만들어 집을 짓게 한다면, 그해 말에는 우리 모두가 더 나은 옷을 입고 더 편안한 집에서 지낼 수 있을 것입니다. 그리고 만약 먹여 살려야 하는 한 명에게 벽돌 생산 대신 나를 위한 악기 연주를 시킨다면 그가 먹는 곡물은 소비되고 그가 만든 어떤 것도 가족의 부와 안락함을 키우지 못합니다. 이 악기 연주자로 인한 손실을 보전하기 위해 가족들이 더 많이 일하거나 더 적게 먹지 않는 한 우리는 더 가난해질 겁니다.

세상에는 아무것도 하지 않거나, 설령 무언가를 한다 해도 실제로는 아무것도 하지 않는 것과 다름없는 일에 시간을 쓰는 사람들이 얼마나 많은지요! 우리가 서로 싸우고 파괴하고 수많은 생명을 바쳐가며 지키려는 상업이란 게 결국 무엇입니까? 그것은 끝없는 바다의 위험 속에서, 수백만 명이 단지 사치품을 위해 고된 노동을 이어가는 일에 지나지 않습니다. 우리는 차와 커피를 사기 위해 중국과 아라비아로, 설탕을 위해 서인도제도로, 담배를 위해 아메리카로 배를 보내며, 엄청난 노동을 들여 선박을 건조하고 운항하지요. 하지만 이런

호루라기에 너무 큰돈을 쓰지 마라

물건들은 본질적으로 없어도 사는 데 전혀 지장이 없는 것들입니다. 우리 조상들은 그런 것들 없이도 잘 살았습니다.

이런 질문도 해볼 수 있겠지요. 지금 사치품을 만들거나 운반하는 일에 고용된 사람들이 생필품을 만들며 살아갈 수 있을까요? 제 생각엔 가능합니다. 세상은 넓고, 아직 개발되지 않은 땅도 아주 많습니다. 아시아, 아프리카, 아메리카에는 수백만 에이커에 이르는 숲이 아직도 남아 있고, 유럽도 마찬가지입니다. 10만 명에게 100에이커(약 40만 제곱미터)씩을 나누어 주고 개간을 시켜도 달에서 보면 그 변화가 보이지 않을 만큼 미개간지의 면적은 방대하지요. 허셜의 망원경으로 봐야 겨우 보일지 모르겠습니다.

마지막으로 한 가지만 더 이야기하고 이 장황한 편지를 마치겠습니다. 우리 신체의 모든 부분에는 돈이 듭니다. 발엔 신발이, 다리엔 양말이, 몸엔 옷이 필요하고, 배는 많은 양식을 요구합니다. 때로 눈에는 안경도 필요하지요. 그런데 안경이 우리의 재정을 거덜 내지는 않습니다. 정작 우리를 망치는 것은 다른 사람들의 눈입니다. 만약 세상에서 나 말고는 모두가 눈이 멀게 된다면, 좋은 옷도, 좋은 말도, 값비싼 가구도 필요 없을 것입니다.[30]

인간이
늘 잊어버리는
진실

"필요 이상의 소유물은
자신의 것이 아니다"

끝없이 부를 좇는 인간의 보편적인 약점에 대한 당신의 통찰은 읽는 내내 큰 기쁨을 주었습니다. 그 견해는 지극히 타당하며, 적어도 제 생각과는 완전히 일치합니다. 하지만 런던 시민들은 이른바 '막대한 재산을 남기고 죽는 것'을 열망한다고 합니다. 정말이지 너무 터무니없는 이야기입니다. 이는 마치 어떤 사람이 1000가지나 되는 불필요한 사치품을 사느라 빚을 잔뜩 지고, 결국 모든 것을 잃고 채권자들에게 끌려가 감옥에 갔는데, 사람들은 그를 두고 '막대한 재산을 지닌 채 파산했다'고 말하는 것과 다름없습니다.

나는 필요 이상의 소유물은 자신의 것이 아니라고 생각합니다.

호루라기에 너무 큰돈을 쓰지 마라

비록 우리가 그것을 소유하고 있다고 해도 말입니다. 그리고 부자가 죽으며 남긴 것은, 빚을 다 갚지 못한 채 떠난 채무자의 흔적과 그리 다를 바 없습니다.[31]

▌ 만족과 부는 거의 함께 오지 않는다.
　당신은 부를 택한다. 나는 차라리 만족을 선택하겠다. (1743)

▌ 세상의 이익이 죽음으로부터 나를 지켜줄 수 없다면,
　그것이 나의 영원한 생명을 방해해서는 안 된다. (1751)

▌ 현명한 사람은 정당하게 얻어 지혜롭게 사용하며, 기꺼이 나누고, 만족스럽게 죽는 것 이상을 바라지 않는다. (1756)

▌ 사람의 진정한 재산은 그가 얻은 선한 결과에 달려 있다. (1749)[*]

―――――――――――――

[*]　괄호 안에 숫자가 표시되어 있는 문장은 《가난한 리처드의 달력》이 출처이며, 해당 숫자는 달력의 발행 연도를 뜻한다.

부록 가는
길

"세월과 욕망은
아낄 수 있을 때
아껴라"

▌존경하는 독자들께

　　작가는 다른 사람이 자신의 글을 소중히 인용해줄 때 가장 큰 기쁨을 느낍니다. 그런 기쁨을 내가 최근에 얼마나 크게 느꼈는지는, 내가 여러분께 들려드릴 다음 이야기를 읽으면 짐작하실 수 있을 것입니다. 나는 말을 타고 길을 지나가던 중, 경매장 근처에 많은 사람들이 모여 있는 것을 보았습니다. 아직 경매가 시작되기 전이라 그들은 잡담을 나누고 있었고, 그중 한 사람이 검소하고 단정한 옷차림을 한 백발의 노인을 향해 말했습니다.

　　"에이브러햄 목사님, 세금이 이렇게 무거워서야 이 나라가 망하

호루라기에 너무 큰돈을 쓰지 마라

지 않겠습니까? 우리가 도대체 이 많은 세금을 어떻게 감당할 수 있 겠습니까? 뭐라도 한 말씀 해주십시오."

그러자 그 노인은 자리에서 일어나 대답했습니다.

"내 조언이 필요하다면 간단히 한마디 하겠습니다. '가난한 리처 드'가 말했듯, 현명한 사람에게는 한마디 말이면 충분하지요."

사람들은 그의 말을 들으려고 그를 빙 둘러싸며 모여들었고 그는 말을 이었습니다.

"세금 부담이 크다는 데는 저도 이견이 없습니다. 그러나 정부가 거두는 세금만 있었더라면 그리 힘들지는 않았을 겁니다. 문제는 우 리가 스스로에게 부과하는 세금이 훨씬 무겁다는 것입니다. 게으름 은 세금을 두 배로 만들고, 과시욕은 세 배로, 어리석음은 네 배로 늘립니다. 이런 세금은 어떤 장관도 낮춰줄 수 없습니다. 하지만 도 움이 되는 말이 하나 있습니다. 가난한 리처드가 말했듯, '하늘은 스 스로 돕는 자를 돕습니다.'

I. 근면 정부가 국민에게 하루의 10분의 1을 정부 일에 쓰게 한다면 이는 분명 과도하다고 할 수 있습니다. 그러나 게으름이 초래하는 손 실은 세금보다 훨씬 큽니다. 나태함은 병을 낳고, 건강을 해치며, 수 명을 단축시킵니다. 가난한 리처드는 말했지요. '나태함은 마치 녹이 슬듯이 노동보다 더 빠르게 생명을 갉아먹는다. 반면 자주 사용하는 헌 열쇠는 항상 반짝반짝 빛난다.' 또 이런 말도 했습니다. '삶을 사

랑한다면 시간을 낭비하지 말라. 삶은 결국 시간으로 이루어져 있기 때문이다.' 우리는 '잠자는 여우는 닭을 잡지 못한다. 무덤 속에서는 원 없이 잘 것이다'라는 말을 잊고 얼마나 많은 시간을 필요 이상으로 잠에 쓰고 있습니까.

가난한 리처드는 '시간이 무엇보다도 소중하다면, 허비되는 시간이야말로 가장 큰 낭비'라고 말합니다. 또 이렇게도 말합니다. '잃어버린 시간은 절대 다시 찾을 수 없고, 시간이 충분하다고 말할 때마다 그렇지 않다는 사실이 드러난다.' 그러니 일어나서 목표를 향해 할 일을 합시다. 부지런히 일하면 어려운 일도 더 쉽게 풀립니다. 게으르면 모든 게 어렵지만 부지런하면 모든 게 쉽고, 늦게 일어나면 하루 종일 분주할 수밖에 없고, 밤이 되어서야 간신히 자기 일을 끝낼 수 있습니다. 또한 게으름은 너무 느려서 가난에 곧 따라잡히고 맙니다. 일에 끌려다니지 말고 일을 주도하십시오. 일찍 자고 일찍 일어나면 건강하고 지혜롭고 부유한 사람이 될 수 있다고 가난한 리처드는 말합니다.

그러니 더 좋은 시기를 기다리고 바라는 게 무슨 의미가 있겠습니까? 우리가 분발하면 지금을 더 나은 시기로 만들 수 있습니다. 리처드는 말했습니다. '부지런한 사람은 소원을 빌 필요가 없다. 희망으로만 살아가는 자는 굶어 죽을 것이다. 노력 없이는 아무것도 얻을 수 없다. 그러니 땅이 없는 자는 부지런히 손을 놀려야 한다.' 하지만 땅이 있다 하더라도, 내야 할 세금이 많다면 어떻게 해야 할까

호루라기에 너무 큰돈을 쓰지 마라

요. 가난한 리처드는 말합니다. '일하는 자에게 재산이 있고, 직업이 있는 자에게 이익과 명예가 따르는 지위가 생긴다.' 그렇다면 우리는 일해야 하고 직업을 가져야 합니다. 그렇지 않으면 세금을 낼 수 있는 재산이나 지위도 없을 것입니다 우리가 근면하다면 절대 굶지 않을 겁니다. 가난한 리처드는 '굶주림은 일하는 자의 집 앞에서 기웃거릴 뿐 감히 들어가지는 못한다'고 말합니다. 법 집행관도 경찰도 들어오지 못합니다. 근면은 빚을 청산하고 절망은 빚을 늘리니까요. 보물을 발견하지 못했고, 부유한 친척의 유산이 없더라도, 근면은 행운의 어머니이고, 하느님은 부지런한 자에게 무엇이든 주십니다. 그러니 게으름뱅이가 잘 때 열심히 쟁기질하십시오. 그러면 팔고 저장할 곡식을 얻을 것입니다. 오늘 일하십시오. 내일 어떤 방해가 있을지 모르니까요. '오늘 하루는 이틀의 내일과 같다'고 가난한 리처드는 말합니다. 그리고 더 나아가 '오늘 할 일을 내일로 미루지 말라'고 합니다. 여러분이 좋은 하인이라면 게으름을 피우다가 좋은 주인에게 들켰을 때 부끄럽지 않겠습니까? 여러분은 자기 자신의 주인이 아닌가요? 그렇다면 자신을 위해, 가족을 위해, 조국을 위해, 군주를 위해 할 일이 많은데도 게으름을 피우는 자신을 발견하면 부끄러워하십시오. 장갑을 벗고 도구를 잡으십시오. 기억하세요. '장갑을 낀 고양이는 쥐를 잡지 못한다'고 가난한 리처드는 말합니다. 물론 할 일이 너무 많아 벅찰 수도 있겠지만 꾸준히 일을 계속하면 놀라운 결과를 얻게 될 겁니다. 가난한 리처드는 '낙숫물이 바위를 뚫고 꾸준한 인내와 노력으로 쥐는 굵은 밧줄을 끊으며, 열심히 한 도끼질에 커다란 참나무도 쓰러진다'고 말합니다.

　'그렇다면 사람은 여가를 즐길 수 없는가?'라고 되묻는 소리가 여기저기서 들리는 듯합니다. 여러분, 제가 가난한 리처드의 말을 들려드리겠습니다. '여가를 누리려면 시간을 잘 활용하라. 1분을 잘 활용할 수 없다면 한 시간을 허비하게 된다.' 여가란 무언가 의미 있는 일을 하는 시간입니다. 그렇기 때문에 참된 여가는 부지런한 사람만이 누릴 수 있습니다. 게으른 사람은 결코 그럴 수 없지요. '여가를 즐기는 삶과 게으른 삶은 본질적으로 다르기' 때문입니다. 많은 사람들이 요령을 피워 살아가려 하지만, 그들은 비축해놓은 것을 소비만 할 뿐입니다. 반면 부지런하면 안락한 삶을 누리고 사람들의 존경을 받을 수 있습니다. 즐거움을 날려 보내면 즐거움이 따라올 것입니다. 부지런한 방적공이 더 넓은 천을 짭니다. 그리고 이제 내게 소와 양이 있으니 모두가 내게 인사를 건넵니다.

II. 신중 또한 우리는 근면할 뿐 아니라 꾸준하고 신중해야 하며, 자신의 일은 스스로 살피고 남을 지나치게 믿어서는 안 됩니다.

　나는 이제껏 보지 못했다,

　자리를 옮겨 크게 번성한 나무를,

　자리를 옮겨 크게 번성한 가정을.

호루라기에 너무 큰돈을 쓰지 마라

가난한 리처드는 '이사를 세 번 하면 집에 불이 난 것보다 더 나쁘다'고 했습니다. '일터를 지켜라, 그러면 그 일터가 당신을 지킬 것이다', '사업을 끝까지 해내고 싶다면 계속하라. 그렇지 않다면 떠나라'라고도 했습니다. 또 이런 말도 했습니다.

쟁기로 번창하려면
스스로 쟁기를 잡거나 쟁기를 끄는 가축을 몰아야 한다.

'주인의 눈은 그의 두 손보다 더 많은 일을 한다', '지식이 부족할 때보다 신중함이 부족할 때 더 큰 손해를 입는다', '일꾼을 감시하지 않는 것은 그들에게 지갑을 맡기는 것과 같다'고 했습니다. 타인을 지나치게 의지하면 많은 것을 잃습니다. 세상사에 있어서는 믿음 덕분이 아니라, 믿음이 부족해야 구원을 받습니다. 하지만 자신이 직접 살피는 것은 이롭습니다. 충직하고 마음에 드는 종을 원한다면 자기 자신을 종으로 삼으십시오. 작은 방심이 커다란 사고를 낳습니다. 못 하나가 빠져 편자를 잃었고, 편자가 없어 말을 잃었고, 말을 잃어서 말 주인은 적에게 따라잡혀 목숨을 잃었습니다. 편자 못 하나에 조금만 주의를 기울였어도 이런 일은 일어나지 않았을 겁니다.

III. 절약 여러분, 근면과 자기 일에 주의를 기울이는 것에 대해서는 이쯤에서 마무리하겠지만, 우리가 우리의 노력을 기반으로 더 확실한 성공으로 나아가려면 여기에 절약을 더해야 합니다. 벌어들인 돈을 지킬 줄 모른다면 뼈 빠지게 일하고도 결국 가진 것 없이 죽을 겁니다. 윤택한 주방은 볼품 없는 유산을 남깁니다. 그리고 이런 말도 있습니다.

> 많은 재산이 무언가를 얻으려다 흩어져 사라진다,
> 여자들은 찻잔을 들고 실잣기와 뜨개질을 잊었고,
> 남자들은 술잔을 들고 도끼질과 장작 패는 일을 버렸다.

여러분 가운데 부자가 있다면 재산을 모으는 것만큼 절약하는 일도 생각해야 합니다. 스페인은 인도제국을 정복했지만 부유해지지 못했습니다. 지출이 수입보다 컸기 때문입니다. 가난한 리처드는 '비싼 대가를 치뤄야 하는 어리석은 행동을 멀리하라. 그러면 불황과 무거운 세금, 부양할 가족을 불평할 이유가 줄어들 것이다'라고 말했습니다. 그 이유는 다음과 같습니다.

> 여자와 포도주, 유희와 기만은
> 부를 줄이고 빈곤을 크게 만든다.

그리고 하나의 악덕은 두 가지 악덕을 낳습니다. 가끔 마시는 차 한 잔, 포도주 한 잔이, 조금 비싼 음식, 좀더 좋은 옷, 가끔 즐기는 유흥이 무슨 대수냐고 생각할지 모릅니다. 하지만 기억하세요. '티끌 모아 태산'입니다. 작은 지출에 주의하십시오. 가난한 리처드는, '작은 구멍 하나로 큰 배가 침몰한다', '미식을 즐기다가는 거지가 된다'고 했습니다. 게다가 '어리석은 자는 잔치를 열고 현명한 자는 잔치를 즐긴다'고도 했습니다.

여러분은 화려한 옷과 장신구, 작은 장식품을 사려고 이곳에 모였습니다. 여러분은 그것들을 '상품goods'이라고, 즉 '좋은 것'이라고 부르지만 조심하지 않으면 어떤 분들에게는 그것들이 '유해품evils'이 될 수도 있습니다. 여러분은 그것들을 (때로는 원가보다도) 싸게 살 수 있으리라 기대합니다. 하지만 여러분에게 반드시 필요한 게 아니라면 아무리 싸도 결국엔 비싼 겁니다. 가난한 리처드의 말을 기억하십시오. '필요 없는 것을 사면 머지않아 꼭 필요한 것을 팔게 될 것이다.' 또 그는 '가격이 너무 싸면 잠시 멈춰라'라고도 했습니다. 싸게 보여도 실제로는 그렇지 않을 수 있다는 뜻이겠지요. 아니면 싸게 산 물건 때문에 잔고가 부족해져 결국 득보다 실이 많을 수 있다는 뜻이겠습니다. 리처드는 이렇게도 말하기 때문입니다. '많은 사람이 한 푼짜리 물건을 사다가 망해버렸다. 돈을 주고 후회를 사는 건 어리석은 짓이다.' 그런데 이 어리석은 행동이 날마다 경매장에서 일어납니다. 리처드의 말을 따르지 않아서지요. 많은 사람들이 화려한 옷과 장신구를 등에 짊어지겠다고 배를 주리고 가족들도 굶깁니다. 가난한 리처드의 말처럼, 실크와 새틴, 진홍색 천과 벨벳 때문에 아궁이의 불이 꺼집니다.

이것들은 살아가는 데 꼭 필요한 물건들이 아닙니다. 편의품이라고 하기도 어렵지요. 그런데도 얼마나 많은 사람이 보기 좋다는 이유만으로 이런 것들을 원합니까! 근면하게, 절약하며 살아온 사람들을 멸시했던 상류층 사람들도 이런 사치품들 때문에 빈곤해져서, 이전에 무시했던 그들에게 돈을 빌릴 수밖에 없게 되었습니다. 이런 상황을 두고 가난한 리처드는 '제 다리로 서서 쟁기질 하는 농부가 무릎 꿇은 신사보다 고귀하다'고 했지요. 어쩌면 그들에게는 있는지도 몰랐던 물려받은 재산이 어느 정도 있었을 겁니다. 그들은 생각하지요. '지금은 낮이고 밤은 결코 오지 않을 거야. 이렇게 많은 것 중에서 조금 쓴다고 문제가 되겠어?' 하지만 가난한 리처드의 말처럼, 곳간에서 갖다 쓰기만 하고 채우지 않으면 곧 바닥이 드러납니다. '우물이 마르면 그제야 물이 귀한 줄 안다.' 그들이 가난한 리처드의 이 충고를 따랐다면 그 소중함을 진작 알았을 겁니다. 가난한 리처드는 말합니다. '돈의 가치를 알고 싶다면 돈을 빌려 보라. 돈을 빌리러 가는 것은 슬픔을 빌리러 가는 것이다.' 그리고 실제로 이런 사람들에게 돈을 빌려준 사람도 돈을 다시 받으러 갈 때 슬픔에 잠기게 되지요. 가난한 리처드는 더 나아가 이렇게 조언합니다.

옷치장을 뽑내는 것은 분명 저주다.
욕망에 이끌리기 전에 먼저 지갑부터 살펴라.

호루라기에 너무 큰돈을 쓰지 마라

또 '과시는 구걸하는 거지만큼이나 시끄럽고 훨씬 더 뻔뻔하다'라고도 했습니다. 좋은 물건 하나를 사면, 구색을 맞추기 위해 열 개는 더 사야 합니다. 하지만 가난한 리처드는 '첫 욕망을 억누르는 것이 그 뒤에 따라오는 모든 욕망을 만족시키는 것보다 쉽다'고 말합니다. 가난한 사람이 부자를 흉내 내는 것은 개구리가 소처럼 되려고 몸을 부풀리는 것만큼이나 참으로 어리석은 짓입니다.

> 큰 배는 더 멀리 나아갈 수 있지만
> 작은 배는 해안에 머물러야 한다.

하지만 어리석음은 곧 대가를 치르게 됩니다. 가난한 리처드는 '허영을 먹고 자란 과시욕은 결국 경멸을 맛보게 된다. 과시욕은 풍요와 함께 아침을 먹고, 가난과 함께 점심을 먹으며, 치욕과 함께 저녁을 먹는다'라고 했습니다. 그러니 이런 겉치레가 다 무슨 소용이겠습니까? 그저 우리를 위험과 고통에 내몰 뿐입니다. 과시와 허영은 우리를 건강하게 해주지도, 고통을 덜어주지도 않습니다. 또한 그 사람의 가치를 올려주지도 않습니다. 오히려 남들의 시기를 사고, 불행만 재촉합니다.

그런데 이런 사치품을 사겠다고 빚을 지다니 이 무슨 미친 짓입니까! 이 할인 판매에는 6개월 할부가 적용됩니다. 아마 몇몇 분들은 그것 때문에 여기 왔을 겁니다. 수중의 현금을 전부 내어주면 당장 곤란하니까요. 하지만 여러분! 빚을 질 때 여러분이 무엇을 하고 있는 것인지 생각해보십시오. 여러분은 자신의 자유를 타인에게 건네주는 겁니다. 제때 빚을 갚지 못하면 여러분은 채권자를 만났을 때 수치스러울 겁니다. 그와 얘기하기가 두려워, 하찮고 딱하고 치사한 변명을 늘어놓을 겁니다. 그리고 신뢰도는 서서히 내려가 바닥으로 가라앉고 새빨간 거짓말을 할 겁니다. 가난한 리처드의 말대로 '둘째가는 악덕은 거짓말하는 것이요, 제일가는 악덕은 빚을 지는 것'이기 때문입니다. '거짓말은 빚의 등에 업혀 다닌다'라는 말도 같은 뜻입니다. 자유인이라면 사람을 만나거나 사람과 이야기하는 것을 부끄러워하거나 두려워해서는 안 됩니다. 하지만 가난은 종종 사람의 모든 용기와 덕을 앗아갑니다. '빈 자루를 똑바로 세우기는 어려운 법'입니다.

군주나 정부가 신사나 숙녀처럼 옷을 입는 것을 금지하고 이를 어기면 감옥에 가두거나 노예로 삼겠다는 포고령을 내렸다고 생각해보십시오. 과연 여러분의 반응은 어떻겠습니까? 나는 자유인이고, 마음대로 옷 입을 권리가 있으며, 이런 포고령은 나의 권리를 침해하는 압제라고 하지 않을까요? 그런데 그런 사치스러운 옷을 사겠다고 빚을 지면 여러분은 바로 자기 자신을 그런 압제 아래 두는 겁니다! 채권자에게는 빚을 갚을 때까지 여러분을 감옥에 가두어 자유를 속박할 권리가 있습니다. 물건을 사면서 여러분은 아마도 빚을 어떻게 갚을지는 생각하지 않을 겁니다. 하지만 가난한 리처드는 말합니

호루라기에 너무 큰돈을 쓰지 마라

다. '채권자는 채무자보다 기억력이 좋다. 채권자는 마치 미신에 사로잡힌 것처럼 정해진 날짜와 시간을 철저히 지킨다.' 여러분이 생각도 못 한 사이에 그날은 찾아오고, 아직 준비도 되기 전에 빚 독촉은 시작됩니다. 혹 기억하고 있었다 하더라도 처음에는 꽤 넉넉해 보이던 기간이 갈수록 너무나 짧게 느껴질 겁니다. 시간은 두 어깨뿐 아니라 발뒤꿈치에도 날개를 단 듯합니다. '부활절에 갚아야 할 돈이 있다면 사순절이 짧게 느껴질 것'입니다. 어쩌면 지금은 상황이 괜찮다고, 조금 사치를 부려도 별문제 없을 거라고 생각할 수도 있습니다. 하지만 가난한 리처드는 말합니다.

늙고 없을 때를 대비해 아낄 수 있을 때 아껴라.
아침 햇살은 하루 종일 빛나지 않는다.

소득은 일시적이고 불확실하지만, 우리가 살아가는 한, 지출은 지속적이고 확실합니다. 그래서 '굴뚝 두 개를 짓는 것보다 굴뚝 하나에 땔감을 계속 대는 게 더 어렵다'고 리처드는 말합니다. 그래서 가난한 리처드는 '아침에 빚진 채로 일어나느니 저녁을 먹지 않고 자는 게 낫다'고 말하는 것입니다.

벌 수 있는 만큼 벌고, 번 돈은 지켜라.
그것이 당신의 납을 금으로 바꿔주는 현자의 돌이다.

그리고 현자의 돌을 손에 넣으면 더는 경기가 안 좋다거나 세금이 과하다고 불평하지 않을 겁니다.

Ⅳ. 여러분, 이 가르침은 합리적이면서 지혜로운 것입니다. 하지만 근면과 절약, 신중함이 아무리 훌륭한 덕목이라 하더라도 그것에만 너무 의존하지는 마십시오. 하늘의 축복이 없다면 이 모든 것도 아무 소용이 없기 때문입니다. 그러니 겸손하게 하늘의 은혜를 구하고, 지금 은혜가 필요한 사람들을 박대하지 말며 위로하고 도우십시오. 욥은 고통받았지만 나중에는 큰 복을 누렸다는 것을 기억하십시오.

이제 말을 맺고자 합니다. 가난한 리처드가 말했듯이, 어리석은 사람들은 경험이라는 아주 비싼 학교가 없으면 배우지 못합니다. '조언은 해줄 수 있지만 행동은 대신 해줄 수 없기' 때문입니다. 그러니 이 말을 기억하십시오. '충고를 들으려 하지 않는 사람은 도움을 받을 수 없다. 만약 이성의 충고에 귀 기울이지 않는다면 이성은 반드시 당신의 정강이를 걷어찰 것이다.'"

그렇게 백발의 목사는 긴 이야기를 마무리했습니다. 하지만 사람들은 그의 가르침을 인정하면서도 곧바로 그 반대로 행동했습니다. 마치 흔한 설교라는 듯 말이죠. 경매가 시작되자 사람들은 마구 돈을 쓰기 시작했습니다. 저는 그 선한 사람이 《가난한 리처드의 달력》을 철두철미 연구해 25년 동안 제가 다룬 모든 주제들을 완전히 소화했다는 것을 발견했습니다. 그가 제 말을 너무도 많이 인용해서 누구라도 질렸을 테지만 저의 허영심은 무척이나 기뻐했습니다. 그가 제 말이라고 했던 그 지혜는 모든 시대와 민족의 통찰을 모은 것일 뿐, 그 가운데서 10분의 1도 제 것은 아니었지만 말입니다. 하지만 저는 그의 말을 듣고 더 나은 사람이 되기로 결심했습니다. 처음에는 새 코트를 위한 옷감을 살 생각이었지만 오래된 코트를 조금 더 입기로 하고 돌아섰습니다. 독자 여러분, 만약 여러분도 이렇게 한다면 저만큼 큰 이익을 얻을 겁니다. 저는 언제나 그랬듯 여러분을 섬깁니다.

　　리처드 선더스[32]

▌[어는 젊은 사업가를 향한 충고] 자네가 부자가 되기를 원한다면, 그 길은 시장에 가는 길만큼이나 단순하네. 무엇보다도 두 단어, '근면'과 '절약'에 달려 있다네. 즉 시간과 돈을 낭비하지 말고, 가장 좋은 방식으로 활용해야 하지. 근면과 절약 없이는 어떤 일도 이룰 수 없지만, 그 둘과 함께한다면 무엇이든 해낼 수 있다네. 정직하게 벌 수 있는 만큼 벌고 (꼭 필요한 지출을 제외하고) 번 것을 잘 보존한다면, 자네는 분명히 부자가 될 걸세. 물론, 세상을 다스리시고, 정직하게 노력하는 이들에게 복을 주시는 그분이 지혜로운 섭리를 통해 다른 결정을 내리지 않으신다면 말일세

　　어느 늙은 사업가[33]

5. 올바른 생각이 중요한 이유

"옳은 행동은
올바른 생각에서 나온다"

이성理性을
신뢰할 수 없는
이유

> "소위 '합리적인' 인간은,
> 모든 일에서 소위
> '합당한 이유'를 찾아낸다"

▮ 인간의 잘못된 판단을 못 본 체하고
강력한 편견으로 이성적 사고를 약하게 함으로써
그릇된 생각을 하게 하는 것은
바보들의 (결코 실패하지 않는) 악덕인 자만심이다. (1744)

▮ 보스턴을 처음 떠났을 때 항해 중 바람이 멎어 블록아일랜드 근처에
정박하게 되었다. 그동안 승객들은 대구를 낚았고, 그 양도 꽤 되었
다. 나는 당시까지도 육식을 피하며 채식주의를 고수하고 있었다. 존
경하는 트라이언 선생처럼, 물고기와 같은 아무 해도 끼치지 않는 동

물을 죽이는 일은 이유 없는 살생이며 도살이라고 생각했고, 이 생각은 매우 합리적이라고 여겼다. 하지만 나는 원래 생선을 무척 좋아했기에, 뜨거운 프라이팬에서 갓 구워낸 대구의 고소한 냄새에 마음이 마구 흔들렸다. 원칙과 식욕 사이에서 한참을 망설이던 중에, 문득 누군가가 가른 대구의 배에서 더 작은 물고기들이 나오는 장면이 떠올랐다. 그 순간 나는 스스로를 이렇게 설득했다. '너희도 서로 잡아먹는데, 내가 너희를 먹지 않아야 할 이유는 없지.' 결국 나는 그 대구를 맛있게 먹었고, 이후로도 종종 생선을 먹게 되었다. 채식은 이따금 실천하는 정도로 그쳤다. 합리적인 존재가 된다는 건 참으로 편리한 일이다. 하고 싶은 일이 생기면, 언제든 그럴듯한 이유를 '찾거나' '만들어낼' 수 있으니까 말이다.[34]

칼라일에서 인디언들과 협약을 맺기 위해 펜실베이니아 총독은 의회에 협상위원을 보내달라고 요청했고, 의회는 노리스 씨와 나를 지명했다. 우리는 그곳으로 가 인디언들과 마주했다.

인디언들은 걸핏하면 술을 취하도록 마셨고, 그럴 때면 싸움을 일삼고 난동을 부렸기에 우리는 그들에게 술을 팔지 못하게 엄격히 금지했다. 인디언들이 이에 불만을 제기하자, 우리는 협의가 진행되는 동안 술을 마시지 않으면 나중에 럼주를 주겠다고 제안했다. 그들은 이에 동의했고, 술이 없다 보니 약속을 지켰고 그 결과 협의는 매우 평화롭고 질서 있게 진행되어 쌍방 모두에게 만족스러운 결과가 나왔다. 이제 인디언들은 럼을 요구했고, 우리는 약속대로 제공했다. 이때가 오후 무렵이었다. 남녀노소 약 100여 명의 인디언들은 마을 외곽에 사각형 형태로 배치된 임시 오두막에 머물고 있었다. 저녁 무렵 바깥에서 시끄러운 소리가 들려와 우리는 밖으로 나가 상황을 확인했다. 임시 오두막 중앙의 광장에는 커다란 모닥불이 타오르고 있었고, 남녀 인디언들이 술에 취한 채 말다툼과 몸싸움을 벌이고 있었다. 그들의 반쯤 벗은 갈색 피부는 모닥불에 반짝였고, 서로를 쫓으며 불 붙은 장작으로 위협하고 고함을 고래고래 질러대는 광경은 마치 지옥도를 연상시켰다. 우리는 그들을 진정시킬 수 없어 숙소로 그냥 돌아왔다. 자정 무렵 몇몇 인디언들이 몰려와 문을 쾅쾅 두드리며 술을 더 달라고 외쳤지만, 우리는 무시했다.

다음날 그들은 자신들이 보인 추태와 소란을 깨닫고 장로 세 명을 보내 사과했다. 그들 중 말을 잘하는 장로 한 명이 나서 자신들의 잘못을 인정했다. 하지만 곧바로 변명을 늘어놓았다. "만물을 창조하신 위대한 영은 모든 것에 제 쓸모를 부여하셨고, 무엇이든 그 쓸모에 맞게 사용되어야 하오. 럼을 만드시면서 '인디언들이 이것을 마시게 하고 취하게 하라'고 명하셨으니, 우리는 그렇게 해야 했던 것이오." 만약 정말로 이 '야만인'들을 멸해 경작할 땅을 마련하라는 것이 신의 뜻이었다면, 럼은 그 뜻을 수행하는 데 적절한 수단이었을지도 모른다. 실제로 해안 지역의 부족들은 이미 대부분 럼주로 인해 전멸한 상태였다.[35]

호루라기에 너무 큰돈을 쓰지 마라

불평불만에 대한 철학

"불평이 범죄가 되는
곳에서는 희망이
절망으로 변한다"

[1774년, 메사추세츠주 의회 대변인인 토머스 쿠싱에게 한 보고 중] 정부가 온갖 탄원서와 불평불만을 끔찍히 싫어하고, 심지어 단순히 그걸 전달한 사람조차도 매우 불쾌하게 여기는 것을 볼 때마다, 제국 전체의 평화와 통합을 어떻게 유지하고 회복할 수 있을지 정말 모르겠습니다. 하지만 불만은 전달되지 않으면 바로잡을 수 없고, 항의나 탄원의 방식이 아니면 전달될 수 없습니다. 그런데 만약 이러한 불만이 모욕으로 간주되고, 그것을 전달한 사람이 범죄자로 처벌받는다면, 앞으로 누가 탄원서를 제출하겠으며, 누가 그것을 전달하겠습니까? 어느 나라에서든 감정의 분출을 억누르는 것은 위험한 일로 간

5. 올바른 생각이 중요한 이유

주되어왔습니다. 이 때문에 현명한 정부는 근거가 다소 빈약하더라도 탄원을 관용적으로 받아들입니다. 그래야 통치자들로부터 피해를 입었다고 느끼는 사람들도 정부가 보이는 온건하고 사려 깊은 태도를 통해 자신들의 오해를 깨달을 수 있기 때문입니다. 그러나 불평이 범죄가 되는 곳에서는, 희망이 절망으로 바뀌고 맙니다.[36]

진실을
사랑하라

"당신은 진실을 사랑하고,
진실을 찾아 받아들이려고
노력하며, 이를 다른 사람과
나누겠습니까?"

▌〔준토 회원이 되려면〕당신은 진실이 진실이기 때문에 그것을 사랑하며, 편견 없이 진실을 찾아 받아들이고, 그것을 다른 이들과 나누기 위해 노력하시겠습니까?[37]

▌〔바다와 번개를 주제로 나눈 편지에서〕친구여, 이 생각들 중 대부분은 미숙하고 경솔한 것이네. 만약 내가 과학 분야에서 명성을 얻고자 했다면, 시간을 두고 경험을 통해 수정되고 개선될 때까지 이 생각들을 입 밖에 내지 말아야 했겠지. 그러나 새로운 학문 분야, 특히 과학처럼 실험이 중요한 영역에서는 작은 힌트나 불완전한 실험이라

도 서로 공유함으로써 창의력이 풍부한 사람들의 주의를 끌어 더욱 정밀한 탐구와 발견으로 이어질 수 있다고 생각하네. 그러니 이 논문은 누구와도 기꺼이 나눌 수 있네. 내가 완벽한 과학자로 여겨지는 것보다, 지식이 확장되는 것이 더 중요하다고 믿기 때문이네.[38]

▌진실은 격렬한 논쟁보다는 차분한 토론을 통해 더 쉽게 얻을 수 있네. 자네의 요청대로 내 의견을 솔직하게 말하겠네. 다만 이 의견이 옳기를 바라네. 하지만 만약 옳지 않다면 적어도 내 오류를 솔직하게 인정하고 그 오류를 친절하게 지적해준 이에게는 감사의 마음을 갖고자 하네.[39]

▌사실은 하나뿐입니다. 당신이 이유를 물으셨지만, 저는 모릅니다. 혹시 당신이 그 이유를 발견하게 된다면, 부디 제게도 알려주십시오. 저는 무지를 솔직하게 인정하는 것이 어려움을 벗어나고 정보를 얻는 가장 쉬운 방법이라 믿습니다. 그래서 그렇게 행동해왔습니다. 그것이 정직한 방법이라 생각합니다. 모든 것을 아는 듯 굴며 설명하려드는 사람은, 오히려 타인이 알려줄 수 있었던 많은 것을 오랫동안 배우지 못하게 됩니다.[40]

▌[피뢰침을 알리는 언론 보도가 못내 아쉬웠던 프랭클린이 친구에게] 낙뢰를 피하고 그 파괴력으로부터 건물을 보호하는 데 금속 전도체

호루라기에 너무 큰돈을 쓰지 마라

가 얼마나 유용한지를 이해하지 못하는 이들이 있다는 것은 그리 놀라운 일이 아니네. 어쩌면 그들은 여전히 이런 전도체에 대해 편견을 가지고 있을지도 모르지. 그런데 심지어 학식 깊고 창의력이 뛰어난 과학자들조차 자신들의 예상에서 벗어난 새로운 지식에 얼마나 오래 저항하는지 모른다네. 자신들의 생각이 전혀 쓸모없다는 게 드러난 뒤에도, 그들은 그 편견에서 뭔가를 고집스럽게 기대하네.[41]

5. 올바른 생각이 중요한 이유

지적
호기심의
즐거움

> "호기심이 발동한 나는
> 쫓아가면서 회오리바람이
> 먼지를 훑어 올리는
> 모습을 관찰했습니다"

매릴랜드에서 태스커 대령과 몇몇 신사들과 함께 대령의 시골 저택으로 말을 타고 가고 있었습니다. 그때 골짜기 아래에서 회오리바람하나가 일어났는데, 바람에 휘말려 날리는 먼지로 그 모습을 드러냈습니다. 회오리바람이 우리 곁을 스쳐 지나갈 때, 땅에 가까운 부분은 평범한 나무통만 했지만 위로 올라갈수록 넓어져 12~15미터 높이에서는 지름이 6~9미터는 되는 듯했습니다. 다른 이들이 멈춰 서서 그 광경을 바라보는 동안, 호기심이 발동한 나는 말을 달려 바람옆에 바짝 붙어 따라가면서 회오리바람이 바닥의 흙과 먼지를 빨아올리는 모습을 관찰했습니다. 물기둥에 총을 쏘면 그것이 흩어진다

호루라기에 너무 큰돈을 쓰지 마라

고 들은 적 있어서, 채찍을 휘둘러봤지만 아무 효과가 없었습니다. 회오리바람은 길을 벗어나 곧 숲으로 들어갔고, 점점 더 커지고 강해졌습니다. 흙먼지 대신 땅을 덮고 있던 마른 나뭇잎과 작은 나뭇가지가 바람에 휘말려 올라갔고, 나뭇가지가 흔들리면서 내는 요란한 소리와 커다란 나무들마저 순식간에 휘감는 모습이 정말 놀라웠습니다.

회오리바람의 이동 속도는 사람이 따라갈 수 있을 정도였지만, 그 안에서 회전하는 공기의 속도는 엄청났습니다. 특히 바람에 휘말린 수많은 나뭇잎들 덕분에, 공기의 움직임이 나선형을 그리며 위로 오르는 모습이 또렷하게 보였습니다. 수많은 나무 줄기들과 울창한 나무숲을 지난 후에도 바람이 약해지지 않는 것을 보니 채찍질이 아무 효과가 없었던 것도 당연하다는 생각이 들더군요. 나는 약 1.2킬로미터 정도를 따라갔고, 바람에 꺾인 고목 가지 하나가 내 쪽으로 날아드는 것을 보고 위험을 느껴 멈춰 섰습니다. 그리고 회오리바람에 휘말린 나뭇잎들을 통해 바람의 상층부를 봤지요. 상층부는 나무 꼭대기보다도 훨씬 높게 솟아 있었습니다. 수많은 나뭇잎들이 바람 꼭대기의 넓어지는 부분에서 풀려나 사방으로 흩어지고 있었습니다. 하지만 너무 높이 올라간 탓에 그 나뭇잎들은 마치 파리처럼 작아 보였습니다. 나는 태스커 대령에게 이런 회오리바람이 메릴랜드에서는 흔한 현상인지 물었습니다. 대령은 웃으며 대답했습니다. "아닙니다. 드문 현상이지요. 하지만 프랭클린 씨를 위해 특별히 준비했죠." 정말이지 최고의 환대였습니다.[42]

자신의 의견을
만드는 법 1

정보 수집, 지식 습득,
질문과 경청, 정보 평가

정보 수집

너의 첫 번째 질문, "샘에 있을 때는 차갑던 물이 펌프로 끌어 올리면 따뜻해지는 이유는 무엇인가?"에 대해서는 상황에 대한 정확한 사실fact이 더 많아야 답할 수 있을 것 같구나. 지금으로서는 상세히 답하는 걸 삼가는 게 신중한 행동일 것 같다. 다만 내 생각엔 펌프질로 따뜻해지는 건 물이 아니라 펌프질하는 사람일 것 같구나. 마른 고체끼리 마찰시키면 열이 발생한다는 것은 오래전부터 관찰된 바지. 하지만 단순히 액체를 움직이거나 액체를 고체에 마찰시키는 걸로 열이 발생한다는 말은 아직 들어본 적이 없단다. 사실을 확인하기 전에는 이유를 설명하지 않는 신중함은 셀든이 이야기해준 여성에게서 배웠지. 몇몇 신사들이 중국의 전족을 두고 그것을 도대체 어떻게 신을 수 있냐며 열띤 토론을 펼치고 있었어. 그때 그녀가 정중한 태도로 물었지. "신사분들, 그것이 신발이라고 확신하시나요? 그것부터 먼저 확인해야 하지 않을까요?"[43]

지식 습득

▌나는 어릴 때부터 독서를 좋아해서 손에 들어오는 돈은 전부 책을 사는 데 썼다. 《천로역정》을 재미있게 읽은 후 내가 처음으로 모으기 시작한 것은 작은 책 여러 권으로 출판된 존 버니언의 작품들이었다. 《플루타르크의 영웅전》도 수없이 읽었고 아직도 그 시간들이 매우 유익했다고 생각한다. 대니얼 디포의 《프로젝트에 대한 소론Essay on Projects》과 코튼 매더 박사의 《선행록Essays to do Good》은 사고방식을 크게 변화시켜 훗날 내 인생의 주요 사건들에 큰 영향을 미쳤다.[44]

▌이제 더 좋은 책들을 볼 수 있게 됐다. 서점 견습생과 친해지면서 가끔 작은 책 하나 정도는 빌릴 수 있게 됐다. 그럴 때면 깨끗하게 읽고 빨리 돌려주려 애썼다. 찾는 손님이 있을 수 있어 빌린 책을 아침까지 돌려줘야 할 때는 종종 밤을 새워 읽곤 했다.[45]

▌나는 이 도서관 덕분에 공부를 계속할 수 있었고 그렇게 나를 발전

5. 올바른 생각이 중요한 이유

시켰다. 나는 매일 한두 시간씩 도서관에서 보내면서 아버지가 시키려 하셨지만 놓치고 말았던 교육의 기회를 어느 정도 잡았다. 독서는 내가 스스로에게 허락한 유일한 즐거움이었다. 나는 술집이나 게임, 놀이에 조금도 시간을 허락하지 않았다.[46]

질문과 경청

▎당신은 오늘 아침에 이 질문들을 살펴보았는가? 이 중에서 준토에 제기할 만한 질문은 무엇인가?

1. 최근에 읽은 책에서 특히 역사, 도덕, 시, 물리학, 여행, 기계 기술 등의 지식 분야에서 이야기 나누기에 적합한 무언가를 발견한 적 있는가?
2. 대화의 소재로 적합하다고 생각되는 새로운 이야기를 들은 적 있는가?
3. 지인 중 최근 사업에 실패한 사람이 있는가? 실패의 원인은 무엇이라고 하던가?
4. 최근 성공한 사람의 이야기를 들은 적 있는가? 그는 어떤 방법으로 성공했는가?[47] [이런 질문이 스물네 개나 되었다.]

▎[메리 스티븐슨이라는 젊은 친구에게] 책을 읽을 때는 손에 펜을 들고 작은 노트에 궁금한 것이나 도움이 될 것 같은 것을 적어보려무

나. 자세한 내용을 기억에 새기는 가장 좋은 방법이거든. 그런 것들을 기억 속에 잘 보관하고 있으면 실용적인 것은 나중에 필요할 때 활용할 수 있고, 궁금했던 것들은 적어도 대화를 더 재미있게 하는 데 도움이 될 거다.

그리고 어려운 학술용어는 평소 읽는 책에서는 좀처럼 등장하지 않기 때문에 생소할 거야. 그러니 정확한 의미를 바로 확인할 수 있도록 좋은 사전을 곁에 두는 게 좋을 거다. 처음에는 귀찮고 독서에 방해되는 것처럼 느껴질 수도 있겠지. 하지만 날이 갈수록 덜 수고스러울 거다. 용어에 익숙해지면 사전을 덜 찾아보게 될 테니 말이다. 무엇보다 그러면서 이해력이 좋아져 더 만족스러운 독서를 할 수 있을 게다.[48]

정보 평가

┃ 그대의 스승이 자신의 가르침 대로 행동하지 않더라도
그 가르치는 바가 선하다면 그대로 행하라.
실패한 사람도 좋은 조언을 줄 수 있다. 왜일까?
배가 좌초된 사람은 얕은 여울이 어디 있는지 안다.
내 오랜 친구 베리먼은 생전에 종종
다른 이들에게 절약을 가르쳤는데, 그 자신은 결코 절약하지 않았다.
이처럼 많은 사람들이 마치 숫돌처럼
자신은 무디더라도 다른 사람은 날카롭게 갈고닦는다.[49]

포스터 판사: 본 안건의 핵심은 이것이다. 자유 의사로 선원이라는 직업을 선택하고 교육을 통해 잘 훈련받은 선원들을 국가가 국가의 안전을 위해 복무하도록 법적으로 강요할 수 있는가다. 즉 "네 퀴드 데 트리멘티 레스푸블리카 카피아트ne quid detrimenti respublica capiat, 국가는 어떠한 손해도 입어선 안 된다."

본 판사의 의견은 가능하다는 것이다. 국가는 공적 안전에 필요할 때마다 이들에게 봉사를 명할 수 있다. 이는 갑작스러운 침략이나 대규모 반란이 일어났을 때 무기를 들 수 있는 모든 사람에게 병역의 의무를 요구할 수 있는 것과 같은 권리다. 두 경우 모두에서, 이 권리는 전체를 지켜야 할 필요성이라는 단 하나의 동일한 원칙에 기초한다.

프랭클린의 메모: 전체로부터 부분으로 이어지는 여기서의 결론은 논리적으로 합당해 보이지 않는다. 모든 사람에게 봉사가 요구될 때는 그 부담이 공평하다. 하지만 일부에게만 요구되고 나머지는 제외된다면 공평하다고 할 수 없다. 예컨대 알파벳이 "우리 모두를 위해 모두가 함께 싸우자"고 한다면 그것은 공평하고 정당하다. 하지만 "A, B, C, D여, 가서 우리를 위해 싸워라. 그동안 우리는 집에서 잠을 자겠다"고 말한다면, 이는 공평도, 정의도 아니다.

포스터 판사: 선원의 입장에서 보자면, 군주의 명으로 징집되더라도

호루라기에 너무 큰돈을 쓰지 마라

이는 잠시 고용주가 바뀌는 것에 불과하다. 해야 할 일과 고용 상태는 동일하다. 이런 점을 고려할 때, 바다와 적의 위험이 군주를 위해 일할 때가 상인을 위해 일할 때보다 더 크다고 볼 수 없다.

프랭클린의 메모: 이는 잘못된 사실이다. 군에 복무하는 것과 선원으로 일하는 것은 같지 않다. 상인을 위해 일할 때는 무장하지 않은 배를 타고, 전투의 의무 없이 오직 상품만 수송하면 된다. 하지만 군주를 위해 복무할 때는 전투를 해야 하고, 그에 따른 온갖 위험을 감수해야 한다. 군주의 함선에서는 질병이 더 잦고 사망률도 더 높다. 그리고 상인을 위해 일할 때는 항해가 끝나면 일을 그만둘 수 있지만 군주를 위해 일할 때는 그렇지 않다. 게다가 상인이 지급하는 임금이 훨씬 높다.

〔포스터 판사는 결론에서 사안의 중대성 때문에 기록이 길어졌다고 말했다. 이에 대해〕

프랭클린의 메모: 판사는 자신의 주장을 간결하게 펼치지 못했다. 상식의 눈을 가리고, 옳고 그름에 대한 우리의 모든 개념을 혼란스럽게 해서, 검은 것을 희게, 나쁜 견해를 좋게 보이게 하려니 말이 길어질 수밖에 없었다.[50]

자신의 의견을
만드는 법 2

생각 정리의 기술,
글쓰기

▌그 무렵 나는 《스펙테이터》*라는 묘한 잡지책을 접하게 되었다. 그때 본 책은 세 번째 권이었다. 지금까지 한 번도 본 적 없는 책이었다. 나는 그 책을 사서 반복해서 읽었는데 무척 마음에 들었다. 그 안에 실린 글들이 정말 훌륭해 어떻게든 따라 해보고 싶었다. 나는 몇몇 논설을 골라 각 문장에 대한 짧은 힌트를 간단히 메모해 며칠씩 모아둔 다음, 책을 보지 않고 각 힌트에 어울리는 적절한 표현들을 떠올려 원문처럼 완전한 문장으로 논설을 완성해보려 했다. 그리고 나서

---

* 1711~1712년까지 격일로 발행되었던 신문. 모아서 일곱 권의 책으로 발간되었다.

호루라기에 너무 큰돈을 쓰지 마라

내가 쓴 '스펙테이터'를 원문과 비교하며 잘못된 부분을 발견하면 수정해나갔다. 이 연습을 하다 보니 풍부한 어휘력과 적절한 어휘를 쉽게 떠올릴 수 있는 능력이 있으면 좋겠다는 생각이 들었다.

　사실 이런 능력은 내가 계속 시를 썼더라면 벌써 습득했을지도 모른다. 운율을 맞추려면 의미는 같지만 길이나 소리가 다른 단어를 골라야 하기 때문이다. 그렇게 나는 끊임없이 더 다양한 어휘를 익혀야 했을 테고 그것들을 머리에 새겨 완전히 내 것으로 만들려고 했을 테니 말이다. 그래서 나는 몇 가지 이야기를 골라 시로 바꿔 썼다. 그리고 시간이 좀 흘러 원래 글이 기억에서 희미해졌을 때쯤 그 시를 다시 산문으로 되살려내는 연습을 했다. 또 가끔은 모아뒀던 힌트들을 뒤죽박죽 뒤섞어놓고, 몇 주 뒤 다시 원래의 논리적 흐름에 맞게 정리하며 글을 완성해보기도 했다. 이런 과정을 통해 나는 생각을 정리하는 방법을 익혔다. 내가 쓴 글을 원문과 비교하며 오류를 수정했다. 그러다 가끔은 사소한 몇 가지에서 (운이 좋게도) 글솜씨가 늘었다는 생각이 들어 기뻐하기도 했는데, 그럴 때면 나도 언젠가 괜찮은 작가가 될 수도 있겠다는 희망이 생기곤 했다. 글쓰기 연습과 독서는 주로 하루 일을 마친 밤 시간이나 일을 시작하기 전 이른 아침, 그리고 일요일에 했다. 일요일에는 어떻게든 교회에 가지 않고 인쇄소에 혼자 남으려 애썼다.[51]

5. 올바른 생각이 중요한 이유

자신의 의견을
만드는 법 3

도덕의 대수학,
프랭클린식
의사결정의 기술

자네는 아주 중요한 일을 두고 내게 조언을 구했지만, 나는 상황에 대한 정보가 부족해 구체적인 조언을 해줄 수는 없네. 그러나 괜찮다면, 내가 결정을 내릴 때 사용하는 방법을 얘기하겠네.

이처럼 어려운 문제에서 결정을 내리기 힘든 이유는, 우리가 그 문제를 고심할 때 찬반 양쪽 이유가 동시에 떠오르지 않기 때문이네. 처음에는 어떤 이유가 생각나고, 나중에는 또 다른 이유가 떠오르는데, 그때는 앞서 떠올렸던 이유가 잊히기 일쑤지. 이로 인해 서로 다른 목적과 의도가 번갈아 우세해지면서 우리는 혼란에 빠지고 만다네.

호루라기에 너무 큰돈을 쓰지 마라

이럴 때 나는 종이 한 장을 가져와서 세로로 두 칸으로 나누네. 그러고 나서 한쪽에는 찬성하는 이유를, 다른 한쪽에는 반대하는 이유를 적지. 그리고 사나흘 정도 숙고하면서 각 항목별로 떠오르는 이유를 하나씩 추가해가네. 이렇게 모든 이유를 한눈에 볼 수 있도록 정리한 후, 각각의 중요성을 평가하지. 찬성하는 이유 하나와 반대 이유 하나가 중요도 면에서 같다고 판단되면 둘 다 지우고, 찬성 하나가 반대 둘과 비슷하다면 그 세 개를 모두 지우네. 반대로 찬성 둘이 반대 셋과 같다면 다섯 개 전부를 지우지. 이런 식으로 계속해서 양쪽의 이유들을 상쇄시키다 보면, 결국 어떤 쪽이 더 많이 남는지가 보이네. 그리고 하루 이틀 더 고심한 뒤에도 찬반 각각에 대한 새로운 중요한 이유가 떠오르지 않는다면, 그때 결정을 내리면 되네. 물론 각각의 이유를 대수적인 양처럼 정확히 비교할 수는 없지만, 이렇게 항목을 나눠 각각의 이유를 비교해서 검토해보면 전체를 더 명확히 볼 수 있고, 그만큼 더 나은 판단을 내릴 수 있다네. 즉 경솔한 행동을 할 가능성이 낮아지지. 실제로 나는 이 방법에서 큰 유용성을 발견했기에, 이 방식을 '도덕의 대수학' 또는 '신중한 대수학'이라고 부른다네.[52]

6.

왜
건강을
챙겨야
하는가

"건강은 되찾기보다
지키기가 훨씬 쉽다"

식습관에
대하여

"삼시 세끼,
나의 식단을
관찰해보라"

[프랭클린의 13가지 덕목 중 첫째는 '절제'였다. "몸이나 머리가 둔해지도록 먹지 말고, 취하도록 마시지 마라." 형 제임스 밑에서 인쇄소 견습공으로 일할 때] 열여섯 살 무렵, 트라이언이라는 사람이 쓴 채식을 권하는 책을 읽고 나는 채식을 해보기로 마음먹었다. 그 무렵 나는 결혼 전이었던 형과 다른 견습공들과 함께 지냈는데, 내가 고기를 먹지 않겠다고 하자 사람들은 불편해했고, 형은 내가 제멋대로 군다며 나무랐다. 나는 트라이언처럼 직접 식사를 준비하려고 감자를 찌고 밥을 짓고, 서툴게나마 푸딩도 만들었다. 그리고 형에게, 내 식비의 절반만 주면 스스로 식사를 해결하겠다고 제안했다. 형은 흔

호루라기에 너무 큰돈을 쓰지 마라

쾌히 동의했고, 나는 그 절반의 돈을 또 절약해서 책을 샀다. 채식에는 또 하나의 이점을 있었다. 형과 동료들이 인쇄소 밖으로 식사를 하러 나간 사이, 나는 식사를 간단히 해치우고 남은 시간 동안 조용히 책을 읽을 수 있었던 것이다. 비스킷이나 빵 한 조각, 건포도 한 줌, 파이 한 조각, 그리고 물 한 잔이 내 식사의 전부였다. 그렇게 혼자 있는 시간은 공부에 큰 도움이 되었다. 먹고 마시는 것을 절제하면서 머리가 맑아지고 이해력도 한층 깊어졌기 때문이다.[53]

[영국 와츠 인쇄소에서 일할 때] 처음 이 인쇄소에 들어왔을 때 나는 몸을 움직이며 일하고 싶어서 인쇄 작업을 맡았다. 미국에서는 인쇄 작업이 조판 작업*과 섞여 있어 나에게는 익숙한 일이었다. 인쇄소에는 약 50명의 직원이 있었는데, 모두 술고래였다. 하지만 나는 오직 물만 마셨다. 다른 이들이 양손으로 활판 하나를 들고 계단을 오를 때, 나는 양손에 하나씩, 두 개의 커다란 활판을 들고 오르내렸다. 이 모습을 본 동료들은 놀라워했고, 나는 그때부터 '물 마시는 미국인'이라고 불리게 되었다. 그들은 진한 맥주를 마셨지만, 나는 물만 마시고도 그들보다 더 힘이 셌다! 인쇄공들에게 술을 제공하려고 인쇄소를 오가는 선술집 소년이 있었다. 인쇄 작업을 하는 내 동료는 매일 아침 식사 전에 맥주 한 잔, 빵과 치즈로 아침 식사를 하며 한

---

* 글자를 배열하여 인쇄할 준비를 하는 작업.

6. 왜 건강을 챙겨야 하는가

잔, 아침과 점심 사이에 한 잔, 저녁 여섯 시쯤 또 한 잔, 그리고 하루 일이 끝나면 마지막으로 한 잔을 더 마셨다. 나는 그의 습관이 매우 나쁘다고 생각했지만, 그는 이런 힘든 일을 하려면 진한 맥주가 필요하다고 생각했다. 나는 그에게 맥주의 힘은 맥주를 만드는 데 들어가는 보리에 있는 것인데, 같은 양의 보리를 더 저렴하게 빵으로 섭취할 수 있다고 설명하려 애썼다. 빵과 물 한 잔이면 맥주 두 잔보다 더 큰 힘을 낼 수 있다고도 덧붙였다. 그러나 그는 계속 맥주를 마셨고, 그렇게 매주 토요일 밤이면 주급에서 4~5실링이 맥주값으로 사라졌다. 나는 그런 지출을 할 필요가 없었다.[54]

호루라기에 너무 큰돈을 쓰지 마라

운동의
이로움

"운동은 충분히
하고 있나요?"

[아들 윌리엄이 병에 걸렸을 때] 아들아, 네가 보낸 5월 14일자 편지를 읽고 몸이 안 좋다는 소식에 걱정이 크구나. 운동을 더 하겠다고 결심했다니 잘한 일이야. 앞으로도 꼭 꾸준히 하길 바란다. 약으로 병을 치료할 수 있을지는 확실치 않다. 그러니 무엇보다도 병을 예방하는 것이 가장 중요하단다.

운동에 대해 이런저런 고민을 하다 보니 나는 운동량을 운동 시간이나 거리로 판단하기보다는, 몸이 얼마나 따뜻해지는가, 즉 체온 상승을 기준으로 봐야 한다고 생각하게 되었다. 관찰해 보니, 아침에 몸이 차가울 때 마차를 타고 온종일 이동해도 따뜻해지지 않았고, 말을 타도 발이 시린 상태가 몇 시간은 계속되었다. 그러나 두 발로 힘차게 걸으면 한 시간도 되지 않아 혈액순환이 활발해지면서 머리부터 발끝까지 따뜻해졌다. (정확하지는 않지만 차이를 잘 보여주기 위해 대략적인 수치를 사용해서 말하면) 이런 관점에서 보면 마차를 타고 5킬로미터 이동하는 것보다 말을 타고 1킬로미터 달리는 것이 낫고, 말을 5킬로미터 타는 것보다 직접 1킬로미터를 걷는 게 운동량이 더 많다. 여기에 덧붙이자면, 계단을 오르내리며 1킬로미터를 걷는 게 평지를 5킬로미터 걷는 것보다 운동량이 더 많다. 걷기와 계단 오르내리기는 날씨가 좋지 않아 밖에 나가기가 힘들 때 실내에서도 할 수 있어서 좋단다. 특히 계단 오르기는 짧은 시간에 큰 효과를 낼 수 있어서 바쁜 사람에게도 아주 유익한 운동이다. 덤벨 운동도 마찬가지야. 내가 초시계로 직접 재본 결과, 덤벨을 40회 들면 맥박이 분당 60회에서 100회로 빨라졌단다. 내 생각엔, 맥박이 빨라지면 그에 따라 체온도 점차 올라가는 것 같다.[55]

[독립전쟁 중, 네덜란드의 한 동료에게] 용기를 갖고 포기하지 마시오. 지난번 편지를 보니 다소 우울한 기색이 없지 않았소. 요즘 운동은 충분히 하고 있소? 주로 앉아서 일하는 사람들에게 걷기는 아주 훌륭한 운동이라오.[56]

호루라기에 너무 큰돈을 쓰지 마라

수영의
쓸모 1

"나는 모든 사람이
어릴 때 수영을 배웠으면
좋겠습니다"

나는 수영을 배우기에 나이가 너무 많다는 당신의 의견에 동의할 수 없습니다. 당신 정원의 가장자리를 흘러가는 강은 수영하기에 아주 좋은 장소입니다. 물을 무서워하는 당신이 이제 물에서 하는 일이 많은 업무를 맡게 되었으니, 수영을 한번 배워보는 게 좋을 것 같습니다. 바다에서 사고가 났을 때, 해안까지 헤엄칠 수 있다거나, 구명보트가 도착할 때까지 물에 떠 있을 수 있다는 확신만큼 안심되는 일은 없으니까요.

코르크나 바람 주머니 같은 도구는 써본 적이 없어 그 유용성을 잘 알지는 못하지만, 스트로크 동작을 익히는 동안 몸을 받쳐주는 데

6. 왜 건강을 챙겨야 하는가

에는 도움이 될지도 모릅니다. 하지만 결국 중요한 것은 몸이 물에 뜬다는 사실, 즉 물의 부력을 믿을 수 있게 되는 일입니다. 그래서 나는 먼저 부력을 믿으라고 말하고 싶습니다. 내 주변에도 많이 연습하지 않고도 마치 타고난 것처럼 자연스럽게 스트로크 동작을 익힌 사람들이 여럿 있습니다.

내가 권하는 연습법은 다음과 같습니다. 수심이 서서히 깊어지는 장소를 골라, 물이 가슴 높이까지 차오를 때까지 침착하게 들어가세요. 그리고 뒤로 돌아 물가를 향해 서서 달걀 하나를 던지십시오. 달걀은 가라앉지만, 댁 근처의 강물은 맑으니 바닥에 있는 달걀이 보일 것입니다. 이때 달걀은 잠수하지 않으면 손에 닿지 않을 정도의 깊이에 있어야 합니다. 중요한 건, 그곳에서 앞으로 나아갈수록 수심이 얕아진다는 점입니다. 즉 언제든지 발을 딛고 수면 위로 올라올 수 있다는 사실을 기억하면 두려움이 줄어들 겁니다. 그 상태에서 달걀을 향해 몸을 던져 손과 발로 물을 저으면서 바닥으로 내려가보십시오. 몸을 가라앉히려는 시도에도 불구하고, 몸이 물에 뜬다는 사실을 알게 될 겁니다. 몸이 가라앉는 게 생각보다 쉽지 않고, 물속에서 힘을 써야 비로소 아래로 내려갈 수 있다는 것도 알게 됩니다. 그렇게 물의 부력을 느끼고 물에 몸을 맡기는 법을 배우게 됩니다. 물을 거슬러 달걀에 닿으려고 애쓰다 보면 자연스럽게 물속에서 팔과 다리를 움직이는 방법을 익히게 됩니다. 이 동작은 물속에서 수면 위로 올라올 때나 앞으로 나아가며 헤엄칠 때 모두 쓰입니다.

호루라기에 너무 큰돈을 쓰지 마라

내가 이 방법을 더욱 간곡히 권하는 이유는, 이론적으로는 몸이 물보다 가볍고, 발버둥 치지 않고 적절한 자세로 있으면 입으로 숨을 쉬며 오랫동안 물에 떠 있을 수 있다는 걸 알더라도, 실제로 물속에서 부력을 체험해보지 않으면 그 두려움을 쉽게 이겨내기 어렵기 때문입니다. 또 물의 힘을 직접 믿게 되기 전까지는, 내가 가르쳐준 자세와 동작을 갑작스러운 상황에서 침착하게 떠올려 실천하기가 힘듭니다. 당황하면 아무것도 생각나지 않기 때문입니다. 우리는 스스로를 이성적이고 지적인 존재라고 여기지만, 그런 순간에는 이성과 지식이 별 도움이 안 되는 것 같습니다. 차라리 이성이라고는 찾아볼 수 없는 동물들이 우리보다 나은 것 같습니다.

그래도 지난번 우리가 나눈 대화를 다시 한번 반복하고자 합니다. 아래 내용을 잘 기억해두면 만일의 경우에 도움이 될 수 있으니 말입니다.

1. 인간의 팔, 다리, 머리는 속이 비어 있지 않아 민물보다 무겁지만, 몸통, 특히 상반신은 내부가 비어 있어 물보다 훨씬 가볍습니다. 그래서 폐에 물이 차기 전까지는 상체가 물 위에 떠 있게 됩니다. 폐에 물이 차는 이유는 놀라서 물속에서 코와 입으로 숨을 쉬기 때문입니다.

2. 팔과 다리는 바닷물보다 가벼워 물에 뜨기 때문에, 바닷물에서는 폐에 물이 차더라도 몸 전체가 가라앉지는 않습니다. 하지만 특히

무거운 머리부터 물에 잠긴다면 가라앉을 수도 있습니다.

3. 따라서 바닷물에 빠졌을 때는 얼굴을 하늘로 향하게 하고 양팔을 벌리고 누우면 코와 입으로 계속 숨을 쉴 수 있습니다. 몸이 뒤집히지 않도록 팔을 조금만 움직여주면 됩니다.

4. 민물에서는 팔을 제대로 움직여야 떠 있을 수 있습니다. 그렇지 않으면 하반신이 점점 물에 잠겨 물속에서 똑바로 서게 됩니다. 이 자세에서는 가슴 안의 빈 공간 덕분에 머리까지는 물에 잠기지 않고 떠 있을 수 있습니다.

5. 그러나 바로 선 자세에서 (우리가 땅 위에 서 있을 때처럼) 목을 곧게 세우면 머리의 무게 때문에 입과 코, 때로는 눈까지 물에 잠기게 됩니다. 그런 자세로는 오래 떠 있을 수 없습니다.

6. 하지만 머리를 뒤로 젖혀 얼굴을 하늘로 향하면, 같은 직립 자세에서도 떠 있을 수 있습니다. 이때 머리 뒷부분이 물에 잠기며, 물이 머리 무게를 지탱해줘 얼굴이 물 위에 있게 됩니다. 숨을 들이쉴 때는 약간 뜨고, 내쉴 때는 약간 가라앉지만, 입이 물에 잠기지는 않을 겁니다.

7. 따라서 수영을 못하는 사람이라도 물에 빠졌을 때 당황해 몸부림치지 않고 침착하게 몸을 이 자세로 유지하면 구조의 손길이 올 때까지 물에 떠 있을 수 있습니다. 그리고 물에 잠겼을 때 옷의 무게는 물의 부력이 지탱해주기 때문에 걱정할 필요가 없습니다. 다만 물에서 나오면 젖은 옷이 얼마나 무거운지 알게 되겠지만요.

호루라기에 너무 큰돈을 쓰지 마라

하지만 앞에서도 말했듯이 그런 상황에서는 누구라도 침착하게 대처하기 어렵기 때문에, 확실히 수영을 배워두는 것이 중요합니다. 나는 모든 사람이 어릴 때 수영을 배워야 한다고 생각합니다. 수영은 여러 상황에서 사람을 더 안전하게 해주며, 두려움에서 벗어나 더 행복한 삶을 살게 합니다. 그리고 수영처럼 즐겁고 건강에도 좋은 운동은 많지 않습니다. 특히 군인이라면 반드시 수영을 배워야 합니다. 적을 기습하거나 자기 생명을 지키는 데 아주 유용할 것입니다. 만약 내게 교육시킬 아이들이 있다면, (다른 조건은 동일하다는 전제에서) 한 번 배우면 평생 잊지 않을 이 유용한 기술을 가르치는 학교에 보낼 겁니다.[57]

6. 왜 건강을 챙겨야 하는가

수영의
쓸모 2

"수영은 가장 건강에 좋고
기분 좋은 운동 중 하나다"

어렸을 때 나는 길이 25센티미터, 폭 15센티미터 크기의 타원형 판 두 개를 만들었네. 손바닥에 단단히 고정될 수 있도록 엄지손가락이 들어갈 구멍도 뚫었는데, 화가들이 사용하는 팔레트와 아주 비슷했지. 수영할 때 나는 이 판의 가장자리를 이용해 팔을 앞으로 밀고, 평평한 면으로 물을 밀어내며 팔을 뒤로 당겼지. 이 도구 덕분에 속도를 낼 수 있었지만 손목에 무리가 갔던 것이 떠오르네. 발바닥에는 샌들처럼 생긴 밑창을 붙여보기도 했지만 효과는 만족스럽지 않았어. 잘 보니 스트로크는 발바닥뿐만이 아니라 발 안쪽과 발목도 함께 사용해야 한다는 사실을 알게 되었네.

호루라기에 너무 큰돈을 쓰지 마라

상당히 먼 거리를 수영할 때는 때때로 몸을 뒤집어 얼굴을 위로 향한 채 다양한 동작으로 수영하는 것이 더 편하다는 사실도 경험했네.

다리에 쥐가 날 때는, 쥐가 난 부위에 강한 충격을 주면 효과가 있네. 얼굴을 위로 향하고 수영할 때는 물 위에서 그런 동작을 할 수 있어 유용했지.

수영은 세상에서 가장 건강에 좋고 기분 좋은 운동 중 하나네. 저녁에 한두 시간 수영하고 나면 무더운 여름밤에도 시원하게 잘 수 있지. 아마도 땀구멍이 깨끗해져 땀이 더 잘 증발하기 때문일 것 같네. 그리고 내 경험상, 수영은 설사를 멎게 하는 데도 좋은데, 과하면 변비가 생기기도 하네. 수영을 할 줄 모르거나 수영할 수 없는 계절에 설사병을 앓는 사람들에게는 따뜻한 물로 목욕을 하며 피부를 깨끗이 씻는 것이 매우 효과적인데, 종종 근본적인 치료가 되기도 하지. 내가 몸소 여러 번 경험하기도 했고 내 추천을 받은 사람들도 같은 경험을 했기에 하는 말이네.

자네는 내가 이 경솔한 의견을 다음의 이야기로 마무리해도 불쾌해하지 않겠지. 보통 수영이라고 하면 팔과 다리를 열심히 저어서 나아가는 방식이기 때문에, 장거리를 수영하게 되면 상당히 힘들고 지치지. 그런데 돛단배처럼 돛의 원리를 이용하면 장거리를 훨씬 쉽게 수영할 수 있네. 나는 이 방법을 완전 우연히 발견했지.

소년 시절의 어느 날 나는 연을 날리며 놀다가 너비가 1.5킬로미터 정도 되는 연못의 둑으로 갔네. 연줄을 말뚝에 묶어두고 수영을 즐겼는데, 그사이 연은 아주 높이 날아올랐지. 그러다 문득 연을 날리면서 동시에 수영도 할 수 있으면 좋겠다는 생각이 들었어. 나는 둑으로 나와 말뚝에서 연줄을 풀어 작은 막대기에 감고 다시 물속으로 들어갔네. 그 막대기를 손에 들고 수면에 등을 대고 몸을 띄우자, 아주 쉽게 물 위를 이동할 수 있다는 걸 알게 되었지. 나는 친구에게 연못 맞은편으로 내 옷을 옮겨 달라고 한 뒤, 연줄을 잡고 연못을 건너기 시작했네. 연은 맞은편까지 나를 아주 만족스럽게 옮겨주었네. 힘도 전혀 들지 않았지. 연이 너무 낮게 나는 것 같으면 잠시 멈춰 연을 높이 띄우기만 하면 되었어. 그날 이후로 이 기묘한 방식을 사용해본 적은 없지만, 이 방법이라면 도버 해협을 건너 칼레까지도 갈 수 있겠다는 생각이 들었네. 물론 배를 타는 게 더 낫겠지만 말일세.[58]

호루라기에 너무 큰돈을 쓰지 마라

자면서
즐거운 꿈을 꾸는
기술

절제된 식사
적당한 운동
신선한 공기

우리는 인생의 상당 부분을 잠 자는 데 쓴다. 자는 동안 우리는 때로는 즐겁고, 때로는 괴로운 꿈을 꾼다. 그래서 우리는 즐거운 꿈은 더 많이 꾸고, 고통스러운 꿈은 가급적 피하고 싶어한다. 실제든 상상이든, 고통은 고통이고 즐거움은 즐거움이니까. 물론 꿈 없이 잘 수 있다면 괴로운 꿈은 피할 수 있을 테니 다행이라 할 수 있다. 그런데 즐거운 꿈을 많이 꿀 수 있다면 인생은 훨씬 더 즐거워질 것이다.

즐거운 꿈을 꾸기 위해서는 먼저 적당한 운동과 절제된 생활로 건강을 유지해야 한다. 아프면 상상력이 떨어지고 불쾌하거나 때때로 끔찍한 생각이 떠오르기 쉬우며, 이는 꿈에도 영향을 미친다. 운동은 식사 전에 해야 하며, 식사 직후에 해서는 안 된다. 식사 전 운동은 소화를 촉진하지만, 식사 후의 격한 운동은 소화를 방해한다. 운동을 하고 난 뒤 조금씩 음식을 먹으면 소화가 잘되고 몸이 가벼워지며 기분이 명랑해지고 신체의 모든 기능이 원활해진다. 그렇게 되면 자연스럽게 아무 방해 없이 깊이 잠들 것이다. 반면 배불리 먹고 게으름을 피우면 악몽을 꾸게 된다. 절벽에서 떨어지고, 맹수나 살인마, 악마에게 쫓기는 등 온갖 고통을 경험하게 된다. 잘 살펴보면 음식 섭취량과 운동량은 밀접한 관련이 있다. 많이 움직이는 사람은 많이 먹어야 하고, 거의 운동하지 않는 사람은 적게 먹어야 한다. 요리법이 발달하면서 인류는 필요한 양의 약 두 배나 되는 음식을 섭취하고 있다. 점심을 먹지 않았다면 저녁 식사는 나쁘지 않지만, 점심도 배불리 먹고 저녁도 실컷 먹으면 피곤하고 불쾌한 밤을 보내게 된다. 물론 사람마다 체질이 다르므로 어떤 사람은 그렇게 먹고도 잘 잔다. 그저 끔찍한 꿈에 시달리거나 뇌졸중으로 쓰러져 마지막 심판의 날까지 잠들어 있을 뿐이다. 푸짐하게 저녁을 먹은 사람이 다음 날 아침 일어나지 못한 채 발견되는 것만큼 신문에서 흔히 볼 수 있는 사례도 드물다.

　　건강을 유지하는 또 하나의 방법은 침실에 신선한 공기를 꾸준히 공급하는 것이다. 밀폐된 방에서 침대 주위에 커튼까지 치고 잠을 자는 일은 아주 위험하다. 바깥 공기가 유입되지 않으면, 사람은 계속해서 자신이 내쉰 공기를 다시 들이마시게 되어 건강에 해롭다.

호루라기에 너무 큰돈을 쓰지 마라

물은 오래 끓여도 열을 많이 받은 입자가 빠져나갈 수 있으면 온도가 더 올라가지 않는다. 몸도 부패하는 입자를 빨리 배출할 수 있으면 부패하지 않는다. 자연의 법칙에 따라 그 입자들은 피부의 모공과 폐를 통해 자연스럽게 빠져나가 탁 트인 대기로 사라진다. 하지만 밀폐된 방 안에서는 그 배출된 입자들이 방 안에 머물며 점점 더 공기를 오염시킨다. 그래서 작은 방에 많은 사람이 모이면 단 몇 분 만에 공기가 탁해지고, 이로 인해 인도의 캘커타 블랙홀 사건과 같은 치명적인 결과를 초래할 수도 있다.* 한 사람이 1분간 오염시키는 공기의 양은 약 4리터라고 하니, 방 전체를 오염시키려면 시간이 더 걸릴 수 있다. 하지만 오염은 사라지지 않고 계속 누적되며, 여러 가지 부패성 질병은 여기에서 비롯된다.

가장 오래 산 인물로 알려진 므두셀라**에 대한 기록에 따르면 그는 항상 야외에서 잠을 잤는데 그것이 건강의 비결일 수 있다고 한다. 그가 500세가 되었을 때 천사가 나타나 말했다. "므두셀라여, 일어나 너를 위해 집을 지으라. 앞으로 500년을 더 살 것이다." 그러자 므두셀라가 말했다. "제가 500년을 더 산다면 집을 지을 필요는 없습니다. 저는 지금과 같이 밖에서 자겠습니다." 과거에는 환자들이

---

* 1756년. 벵골 나와브 군대가 영국군과 인도인 포로들을 블랙홀이라 불리는 좁고 환기되지 않는 방에 가두어 최소 40여 명의 사람들이 질식사했다. '캘커타'는 현재의 '콜카타'다.

** 성경에 등장하는 가장 장수한 인물로 969세까지 살았다.

신선한 공기를 마음껏 마셔서는 안 된다는 인식이 있었지만, 지금은 신선한 공기가 환자에게 이롭다는 것이 알려졌다. 그러므로 의사들이 건강한 사람에게도 신선한 공기가 이롭다는 사실을 늦지 않게 인정해주길 바란다. 그렇게 된다면 현재 마음 약한 이들을 괴롭히고 있는 '공기공포증'에서도 치유될 수 있을 것이다. 이 공포증 때문에 사람들은 숨이 막히고 머리가 어지러워도 침실이나 마차의 창문을 열지 않고 있다.

밀폐된 공간의 공기가 땀과 호흡으로 배출된 물질로 포화되면, 더 이상 배출이 이루어지지 않고 그 물질이 몸에 남아 병을 일으키게 된다. 그 물질은 거북한 느낌을 주면서 건강에 좋지 않다는 사실을 미리 알린다. 처음에는 거북함이 그리 크지 않다. 폐에 미미한 감각이 느껴지거나 모공이 답답해지는 식인데 이런 느낌을 말로는 설명하기 어렵고 느낀다 해도 원인을 아는 경우는 거의 없다. 그런데 잘 생각해보면, 자다 깼을 때 너무 따뜻해서 다시 잠들기가 어려웠던 적이 있을 것이다. 이리저리 몸을 뒤척여도 편치 않다. 이렇게 (더 나은 표현이 없어 점잖지 못한 표현을 사용하자면) 똥 마려운 강아지처럼 안절부절못하게 되는 건 전적으로 피부에서 답답함을 느끼기 때문이다. 이는 침구가 땀으로 배출된 물질로 포화상태가 되면 이 물질이 피부에 남기 때문이다. 실험을 통해 이것을 느껴보려면 침대에서 자세를 바꾸지 않은 채 침구만 치워 그 드러난 신체에 신선한 공기가 닿는 것을 느껴보라. 그 부분이 갑자기 상쾌해지는 느낌이 들 것이다. 피부를 불편하게 하던 물질을 공기가 흡수해 가져가면서 금세 피부가 편안해지는 것이다. 따뜻한 피부에 닿은 신선한 공기는 배출된 물질과 함께 몸의 열을 흡수하면서 따뜻해지고, 그렇게 따뜻해진 공기는 자연스럽게 위로 올라가며 새로운 찬 공기와 교체된다. 이것은 동물이 자신의 배출물에 감염되지 않도록 하는 자연의 질서이다. 지금 이 실험을 하고 있는 사람이라면 신선한 공기가 닿은 부분과 닿지 않은 부분의 차이를 확연히 느낄 수 있을 것이다.

불쾌한 꿈은 대부분 신체적인 불편함에서 비롯된다. 몸이 불편하면 마음도 불편해지고, 그로 인해 온갖 불쾌한 생각들이 잠자는 중에 떠오르는 것이다. 이를 막기 위한 방법은 다음과 같다.

1. (앞서 조언했듯) 식사를 적당히 하면 일정 시간 동안 몸에서 배출되는 물질이 적어져 침구가 더 오랫동안 신선함을 유지할 수 있다. 그 결과 오랜 시간 불편함 없이 잘 수 있다.
2. 얇고 공기가 잘 통하는 침구를 사용하면 배출된 물질이 쉽게 침구에서 빠져나가므로 불쾌한 느낌이 덜해지고, 그만큼 오래 편안히 잘 수 있다.
3. 만약 불편함을 느껴서 잠에서 깼고, 다시 잠들기 어렵다면, 베개를 두드리고 뒤집고 이불을 20회 이상 털어 포화된 공기를 빼낸 뒤, 이불을 걷어서 침대가 시원해지게 두라. 그리고 옷을 벗고 방 안을 잠시 걷다 보면 피부에 쌓인 불순물이 신선한 공기에 날아가

면서 피부가 상쾌해질 것이다. 공기가 차고 건조하면 더 효과적이다. 그러다 공기가 차게 느껴질 때 침대로 돌아가면 기분 좋게 다시 잠들 수 있고, 꿈속에서도 기분 좋은 감각들만 나타날 것이다. 나는 종종 오페라의 무대 배경을 바라보듯 그것들을 기분 좋게 즐기곤 한다. 만약 이러한 과정이 귀찮다면, 한쪽 팔과 다리로 이불을 들어 올려 신선한 공기가 들어오게 하는 방법도 있다. 이것을 20회 반복하면 불쾌한 물질이 어느 정도 털려 나가 다시 잘 수 있지만, 앞서 설명한 방법만큼의 효과는 없다.

만약 귀찮은 게 싫고 침대를 두 개 둘 여유가 있다면 뜨거워진 침대에서 나와 시원한 침대로 옮기는 사치를 누릴 수도 있다. 이는 열이 나는 사람들에게 특히 좋은 방법이다. 아주 큰 침대 위에서 몸을 시원한 곳으로 옮기는 것도 좋다.

관찰 결과 한두 가지를 더 추가하고 이 짧은 글을 마무리하려 한다. 누울 때는 베개를 잘 조정해 편안한 자세로 눕고, 팔과 다리도 편한 자세를 유지해야 한다. 한쪽 발목을 다른 쪽에 얹어 압박을 주는 식의 자세는 좋지 않다. 처음에는 약간 불편한 정도지만 나쁜 자세로 오래 있을수록 점점 고통스러워지고 결국 꿈에도 영향을 미치게 된다. 지금까지 소개한 것이 바로 즐거운 꿈을 꾸기 위한 기술이다. 이 기술은 일반적으로 만족할 만한 효과를 낸다. 그러나 어떤 경우에는 전혀 효과가 없는 것처럼 보이기도 하는데, 그 이유를 굳이 말

호루라기에 너무 큰돈을 쓰지 마라

할 필요는 없지만, 말하지 않으면 설명이 불완전할 수밖에 없기에 언급한다. 이런 경우는 기분 좋은 꿈을 꾸고 싶어 하면서도 무엇보다 중요한 것을 안 지킬 때다. 바로 양심이다.[59]

▌ 자네는 냉수욕이 오랫동안 건강에 좋은 방법으로 유행해왔다는 것을 알고 있겠지. 하지만 나는 찬물이 피부에 닿을 때의 충격이 너무 커서 다른 방법을 찾아야 했네. 그렇게 해서 내 체질에 더 잘 맞는 방식으로 알게 된 것이 바로 '공기 목욕'일세. 물론 따뜻한 공기가 아니라 차가운 공기 말이네. 나는 거의 매일 아침, 잠에서 깨자마자 아무것도 걸치지 않은 채 내 방 안에 앉아 책을 읽거나 글을 쓰지. 계절에 따라 조정하긴 하지만, 보통 30분에서 한 시간 정도 그렇게 보내네. 그러면 괴로움 없이 기분이 상쾌해지네. 또 가끔은 옷을 입기 전에 다시 침대로 돌아가서 모자란 잠을 한두 시간 정도 보충하는 경우도 있는데, 그럴 때면 정말 편안하게 잠이 들지. 이 습관으로 인해 생긴 역효과는 전혀 없었고, 건강을 해친 적도 없었네. 오히려 내 건강을 지키는 데 큰 도움이 되었다고 생각하네. 그래서 이걸 앞으로 '상쾌한 목욕', 혹은 '원기회복 목욕'이라 불러도 좋을 것 같네.[60]

6. 왜 건강을 챙겨야 하는가

7.

행복의
기술

"사소한 일, 일상적이거나
불가피한 사고에
불안해하지 마라"

두 친구를
떠나보내며

"이 세상에서의 행복은
마음속에 있는 것 같습니다"

준토의 회원이었던 파슨스 씨와 포츠 씨가 세상을 떠났다고 하셨지요. 두 사람 다 특이한 성격의 소유자였지요. 파슨스 씨는 현명한 사람이었지만 종종 어리석은 행동을 했고, 포츠 씨는 재치 있는 사람이었지만 현명하게 행동하는 일은 거의 없었지요. 사람을 행복하게 만드는 요소가 재산이라고 본다면, 한 사람은 행복의 수단을 갖추고도 행복을 즐기지 못했고, 다른 한 사람은 행복의 수단을 갖추지 못했지만 항상 행복했죠. 파슨스 씨는 부유했지만 늘 근심과 불안에 시달렸고, 반면 포츠 씨는 가난했지만 항상 웃으며 살았지요. 이 두 사람을 떠올리면, 이 세상에서의 행복은 외부가 아니라 마음속에 있

호루라기에 너무 큰돈을 쓰지 마라

는 것 같습니다. 물론 지혜와 덕, 악덕과 어리석음이 행복에 영향을 미치긴 하겠지만, 그 외에도 타고난 성격이나 기질 또한 행복을 좌우하는 중요한 요소인 듯합니다. 두 사람 모두 우리의 친구였고, 우리를 사랑했습니다. 그들의 영혼이 편히 쉬기를 진심으로 바랍니다. 그들에겐 결점도 있었지만 미덕도 있었습니다. 두 사람 모두 정직했으니 그것만으로도 훌륭한 인격자였습니다. 나는 그들과 오랜 시간 함께하면서 많은 즐거움을 누렸습니다. 이제 그들을 잃었다고 생각하니, 슬픔과 후회가 밀려옵니다.[61]

통풍이
프랭클린에게
말했다

> "나, 통풍의 목적은
> 당신의 건강입니다"

프랭클린: 뭐야! 어? 도대체 뭐냐고! 내가 무슨 잘못을 그렇게 했다고, 이런 지독한 고통을 겪어야 하는 거지?

통풍: 많지요. 당신은 절제 없이 먹고 마셨고, 두 다리가 게으름을 피울 때마다 그걸 허락했지요.

프랭클린: 도대체 누구시길래 나를 비난하는 거요?

통풍: 나요? 통풍입니다.

프랭클린: 뭐라고! 내 적이 몸소 나타났다고?

통풍: 아니요, 나는 당신의 적이 아니에요.

프랭클린: 아니긴요! 당신은 나를 고통으로 짓누르고, 나를 먹보에 술

고래로 몰아 내 명예까지 훼손하려 하잖소. 그러나 나를 아는 사람들은 내가 결코 그런 인간이 아니라는 걸 알 거요.

통풍: 사람들은 대개 자기 자신에게는 관대하니까요. 가끔은 친구에게도 그렇고요. 하지만 저는 아주 잘 알고 있어요. 운동을 꾸준히 하는 사람에게 적당한 음식과 술의 양이 운동을 하지 않는 사람에게는 너무 많다는 것을요.

프랭클린: 나는, 아니, 정말로, 가능한 한, 그러니까, 운동을 하고 있소, 통풍부인. 당신은 내가 주로 앉아서 일을 하는 걸 알잖소. 그걸 감안하면 전적으로 내 잘못은 아니니, 통풍부인, 나를 좀 이해해줄 수도 있지 않겠소.

통풍: 전혀요. 화려한 언변과 공손함으로 무마하려 해도 허사예요. 당신의 사과는 아무 소용이 없어요. 만약 당신이 주로 앉아서 생활한다면 적어도 여가 시간만큼은 활동적이어야지요. 걷거나 말을 타야 해요. 날씨가 나쁘면 당구라도 치던가요. 그런데 당신의 일상을 보죠. 아침에 시간이 있을 때 당신은 운동으로 식욕을 돋우는 대신, 대부분 읽을 가치도 없는 책이나 팸플릿, 신문 따위를 읽고 있어요. 그러곤 소화도 잘 안 되는 음식들로 아침을 과하게 먹죠. 크림을 섞은 차 네 잔과 버터를 바른 토스트 두 쪽에 숙성시킨 소고기를 얹어 먹는데, 내가 보기엔 다 소화가 잘되는 음식은 아니에요. 식사 후에는 바로 책상에 앉아서 글을 쓰거나 업무차 찾아온 사람들과 이야기를 나누죠. 그렇게 오후 한 시까지는 조금도 몸을 움직이지 않아요.

그래도 당신이 말했듯 앉아서 일해야 하는 걸 고려하면 이건 이해할 만하죠. 문제는 저녁이지요. 저녁 식사 후엔 뭘 하나요? 상식적인 사람이라면 친구들과 함께 식사를 하고 나면 아름다운 정원을 산책하겠죠. 하지만 당신은 항상 체스를 둬요. 한번 시작하면 두세 시간이 훅 지나가죠! 이게 당신의 꾸준한 취미예요. 주로 앉아서 일하는 사람들에게는 가장 안 좋은 취미죠. 체액*의 움직임을 촉진하기는커녕 주의를 집중하느라 혈액순환이 지연되고 내분비 기능이 제대로 작동하지 않죠. 이 형편없는 게임을 하며 머리를 굴리는 데 몰입하면서 당신은 자신의 몸을 해치고 있어요. 이런 생활을 하는데 나, 통풍이 가끔씩 이 체액들을 휘저어 정화하고 흩어지게 하면서 도와주지 않으면 몸에 고여 있는 체액이 가득 차서 온갖 위험한 병에 걸리기 쉬울 수밖에 없지 않겠어요? 파리의 어느 구석진 곳이나 골목가라면 산책이 어려우니 식사 후 한동안 체스를 둘 수도 있겠죠. 하지만 당신은 가장 멋진 정원과 산책로, 깨끗한 공기, 아름다운 여자들, 그리고 아주 유쾌하고 유익한 대화가 있는 파시, 오퇴유, 몽마르트르, 사누아에서도 체스만 뒀죠. 모두 산책을 즐길 수 있는 곳들인데요. 하지만 모두 이 지긋지긋한 체스에 밀려났어요. 어떻게 그럴 수가 있나요, 프랭클린 씨! 설명하다가 건전한 처벌을 잊을 뻔했군요. 자, 받으세요. 그리고 이것도.

---

* 고대 생리학 이론에서는 네 가지 체액의 비율에 따라 건강과 성격이 달라진다고 믿었다.

호루라기에 너무 큰돈을 쓰지 마라

프랭클린: 오! 뭐라고요! 아! 아아! 통풍부인, 마음껏 훈계하고 비난 하셔도 되지만 부디, 부인, 처벌은 멈춰주시오.

통풍: 아니요, 안 되죠. 처벌한다고 당신에게 유익한 것이 줄어들지는 않을 거예요. 그러니 받으세요.

프랭클린: 아! 아아! 그래도 내가 운동을 전혀 안 한다는 건 억울하오. 나는 자주, 식사를 하러 나갔다가 마차를 타고 돌아온다오.

통풍: 용수철이 지지하는 마차의 움직임을 얘기하는 거라면 상상할 수 있는 그 어떤 운동보다도 약하고 하찮군요. 우리는 열이 얼마나 발생하는지를 통해 각 동작의 운동량을 추정할 수 있어요. 예를 들어 추운 겨울에도 밖에 나가 산책을 하면 한 시간이면 온몸이 따뜻 해지죠. 말을 타면 빠른 속도로 네 시간을 달려도 산책과 같은 효과 는 내기 어려워요. 그런데 당신이 얘기한 마차는요? 그 안에 편안하 게 앉아 하루 종일 돌아다녀도 여관에 들어가 불 옆에 가야만 발이 따뜻해지겠죠. 그런데 고작 30분 마차를 타고서 그걸 운동이라고 말하는 건가요? 신께서는 극소수만 마차를 타게 하시고 우리 모두에 게는 두 다리를 주셨어요. 다른 무엇보다도 훨씬 더 편리하고 실용적 인 장치지요. 그러니 감사하면서 두 다리를 제대로 사용하세요. 다 리로 돌아다니면 체액의 순환이 얼마나 촉진되는지 아나요? 걸을 때 잘 관찰하세요. 체중 전체가 한 다리에서 다른 다리로 번갈아 이동 하는 것을요. 이 동작은 발의 혈관에 엄청난 압력을 가하고 그 안에 든 피를 밀어내죠. 다른 발로 체중이 옮겨가면서 그 전 발이 받았던

압력이 줄면 혈관에 피가 다시 채워지고 또다시 체중이 실리면서 밀어내기가 이어지죠. 그래서 혈액순환이 촉진되는 거예요. 일정 시간 동안 발생하는 열은 혈액순환 정도에 따라 달라져요. 체액이 흔들리고 희석되고 다시 분비가 촉진되고, 만사형통이죠. 얼굴엔 혈색이 돌고 건강은 좋아져요. 오퇴유에 있는 아름다운 친구를 보세요. 당신이 이제껏 인용했던 대여섯 명의 가짜 철학자에게서 얻은 것보다 훨씬 유용한 지식을 그 숙녀분은 너그러운 자연으로부터 얻었어요. 그녀는 당신을 방문하는 영광을 베풀 때 항상 걸어서 오죠. 낮 동안 내내 걸어다니고, 게으름과 게으름에 따르는 병은 말들에게 맡깁니다. 여기서 그녀가 건강과 매력을 유지하는 비결을 볼 수 있어요. 하지만 당신은 오퇴유에 갈 때 반드시 마차를 타죠. 파시에서 오퇴유까지 가는 게 오퇴유에서 파시로 오는 것보다 더 오래 걸리는 것도 아닌데 말이에요.

프랭클린: 부인의 논리는 갈수록 짜증이 나는군요.

통풍: 나는 사실만 말했을 뿐이에요. 그럼 이제부터는 조용히 입 다물고 내 일이나 하지요. 자, 받으세요. 이것도요.

프랭클린: 아! 아아! 아닙니다, 제발 말씀을 계속하시오.

통풍: 아니, 아니에요. 오늘 밤 고통은 충분히 준비해뒀어요. 내일도 마찬가지고요.

프랭클린: 아니, 열까지 나잖소! 정신을 못 차리겠소. 아! 아앗! 누가 대신 견뎌줄 수는 없는 거요?

호루라기에 너무 큰돈을 쓰지 마라

통풍: 당신의 말들에게 물어보시죠. 지금껏 충직하게 당신을 모셨죠.

프랭클린: 내 고통을 어떻게 그렇게 잔인하게 즐길 수 있소?

통풍: 즐기다니요! 나는 진지해요. 여기 당신의 건강을 해치는 행동 목록이 있으니 내가 주는 이 모든 고통에 대해 타당한 이유를 댈 수 있어요.

프랭클린: 해보시오, 그럼.

통풍: 너무 길고 세세해서 다 말할 수는 없고, 몇 가지만 간단하게 언급하죠.

프랭클린: 그래요. 듣고 있소.

통풍: 내일 아침에는 불로뉴 숲을, 라뮈에뜨의 정원을, 자기 집 정원을 산책하겠다고 다짐하고는 안 지킨 게 몇 번이나 되는지 아나요? 춥다, 덥다, 바람이 분다, 습하다 같은 온갖 핑계를 대며 말이죠. 실상은 귀찮아서였지 않나요?

프랭클린: 고백하자면 가끔 그런 일이 있었겠지요. 아마도 1년에 열 번 정도일 거요.

통풍: 진실과는 너무나 거리가 멀군요. 119번이에요.

프랭클린: 그게 가능하오?

통풍: 가능하고 말고요. 사실이니까요. 정확하게 짚어드리죠. 브리용 부인의 정원과 그곳의 멋진 산책로를 아시죠. 그리고 테라스부터 아래 잔디밭까지 이어지는 100개의 멋진 계단도 있죠. 당신은 일주일에 두 번 저녁 식사 후 이 다정한 가정을 방문하고 있어요. 당신이 말

한 격언대로 계단을 1.5킬로미터 오르내리면 평지에서 15킬로미터를 걷는 것과 같은 운동 효과를 얻을 수 있죠. 그렇게 그곳엔 두 가지 방식으로 운동할 기회가 있었어요! 당신은 그 기회를 잡았나요? 얼마나 자주요?

프랭클린: 그 질문엔 바로 답할 수 없군요.

통풍: 제가 대신 대답하죠. 단 한 번도 없었어요.

프랭클린: 한 번도요?

통풍: 그래요. 당신은 지난 여름 내내 여섯 시에 그곳을 방문했어요. 멋진 숙녀가 사랑스러운 아이들, 친구들과 함께 있고, 당신과 걸으며 유쾌한 대화를 나누려고 했죠. 그런데 당신은 무엇을 선택했나요? 왜 테라스에 앉아서 그저 멋진 전망을 즐기는 걸로 만족하고 아래에 있는 정원의 아름다움을 눈으로만 좇은 거죠? 한 걸음도 내려가지 않고 그 안을 거닐지도 않고요. 그러기는커녕 당신은 차와 체스판을 갖다 달라고 해요. 그리고 하! 당신은 아홉 시까지 그 자리에 틀어박혀 있죠. 점심 후에도 두 시간이나 됐으면서요. 그러고 나서 집까지 걸어갔다면 조금이나마 만회할 수 있었겠지만 당신은 마차를 탔죠. 이렇게 무책임하게 행동하면서 내 간섭 없이 건강할 수 있다고 생각하다니 터무니없군요!

프랭클린: "우리가 진 빚과 죄는 항상 우리 생각보다 크다"는 가난한 리처드의 말이 얼마나 옳은지 이제야 알겠군요.

통풍: 옳고 말고요. 하지만 당신 같은 철학자들은 말은 현명한데 행

호루라기에 너무 큰돈을 쓰지 마라

동은 참 어리석죠.

프랭클린: 그런데 당신은 지금 브리용 부인의 집에서 마차를 타고 돌아왔다고 비난하는 거요?

통풍: 그럼요. 종일 앉아 있었으니 피곤하다는 핑계를 댈 수 없고 그러니 마차에서 쉬기를 바라서는 안 되죠.

프랭클린: 그럼 마차로 대체 뭘 하라는 거요?

통풍: 그럴 마음이 있다면 태워버리세요. 그러면 적어도 한 번은 마차에서 열을 얻겠죠. 그러기 싫다면 이렇게 해보시던가요. 파시, 오퇴유, 사누아의 포도밭에서 일하는 가난한 농부들을 보세요. 그럼 매일 마차를 탈 자격이 있는 사람들이 보일 거예요. 세월의 무게로, 그리고 너무나 오래고 고된 노동으로 몸이 구부러지고 거동도 힘든 너덧 명의 할머니, 할아버지들을요. 그분들은 힘든 하루 일을 끝내고 굴뚝에서 연기가 나는 오두막까지 1.5에서 3킬로미터를 힘겹게 걸어가야만 해요. 마부에게 이 사람들을 마차에 태워주라고 하세요. 당신의 영혼에도 좋은 행동이죠. 그러면서 브리용 부인 댁을 걸어서 다녀오면 몸에도 좋을 거예요.

프랭클린: 아! 당신은 정말 성가시군요!.

통풍: 그렇다면 내 일을 하죠. 내가 당신의 주치의라는 걸 잊어서는 안 돼요. 자 받아요.

프랭클린: 아악! 정말 악랄한 의사로군!

통풍: 뭐라고요? 정말 고마운 줄 모르는군요! 중풍, 부종, 뇌졸중에

서 당신을 구해준 의사가 바로 나예요. 내가 아니었으면 이미 오래전에 그중 무언가가 닥쳤을 거예요.

프랭클린: 항복하겠소. 그리고 과거의 일은 고맙소만 앞으로는 부디 그만 찾아오기를 이렇게 간청하오. 이런 서글픈 치료보단 차라리 죽는 게 낫겠소. 하지만 내가 부인에게 불친절했던 적은 없다는 건 알아주시오. 나는 당신을 몰아내겠다고 의사든 돌팔이든 그 누구도 찾은 적이 없소. 그러니 내가 쉴 수 있게 나를 떠나지 않는다면 부인도 감사를 모른다는 소리를 듣게 될 것이오.

통풍: 그건 반박이 될 수 없겠어요. 나는 돌팔이를 경멸해요. 그들은 당신을 죽일 순 있어도 나에게는 해를 입히지 못해요. 그리고 제대로 된 의사라면 당신 같은 환자의 경우 통풍은 질병이 아니라 치료약이라는 걸 결국 확신하게 될 거예요. 그러니 왜 치료약을 치료하겠어요? 치료는 나의 일이에요. 자, 여기요.

프랭클린: 아! 아! 더는 체스를 두지 않고 매일 운동하고 절제하며 살겠다고 진심으로 약속하겠소. 그러니 제발 이제 그만 나가주시오!

통풍: 나는 당신이 어떤 사람인지 알아요. 약속은 그럴듯하죠. 하지만 건강이 돌아오면 당신은 옛 습관으로 다시 돌아가겠죠. 당신의 그럴듯한 약속은 지난해 구름의 형태처럼 잊힐 거예요. 이제 계산은 끝났어요. 나는 떠나겠지만, 때가 되면 다시 찾아올 거예요. 나의 목적은 어디까지나 당신의 건강이니까요. 이제 당신도 알겠지요? 내가 당신의 진정한 친구라는 걸요.[62]

호루라기에 너무 큰돈을 쓰지 마라

행복을 부르는 프랭클린식 사고방식

**"친구는 축복이요,
적 또한 축복이다"**

┃ 감사하게도, 지금까지 내게는 친구가 적보다 많았네. 그들은 나의 보
물이지. 그렇기에 설령 적이 조금 있다고 해도 그리 나쁜 일은 아니
라네. 오히려 그들은 우리가 가진 결점을 바로잡게 해주고, 우리에게
생길 수 있는 잘못을 예방하게 도와주지. 아첨꾼들의 말에도 속지
않게 해주고 말일세. 그들의 악의적인 공격은 우리의 친구들이 더욱
열성적으로 우리를 돕고 우리 편에 서도록 자극한다네.[63]

┃ 이 배에 있는 동안, 고향에 있는 몇몇 적들이 나를 국왕 폐하께 반대
하는 사람으로 만들고 있다는 말을 들었습니다. 하지만 그들은 오히

려 내가 흐트러지지 않도록 신께서 내게 보내주신 사람들입니다.[64]

▌지금 나는 여기서 팸플릿과 인쇄물들을 통해 퍼지는 분노와 악의의
표적이 되고 있네. 내가 마치 불행히도 당신네 수상首相이라도 된 것
처럼 말일세. (…) 공적인 일에 대해 자네가 보내주는 편지는 나와 내
친구들에게 얼마나 반갑고 만족스러운 소식인지 아마 모를 걸세. 나
는 전적으로 자네의 보고와 의견을 신뢰하고 있네. 다만 자네가 어떤
불행을 예견할 때는 좀 흘려듣기도 하지만 말일세. 하지만 그것은 어
디까지나 '늘 사물의 밝은 면을 보고 싶어 하는 나의 기질' 탓이네.[65]

▌현명한 사람은, 어리석은 사람이 자기 친구들에게서 (그리고 자신에게
주어진 기회에서) 얻는 것보다 더 많은 것을, 자신의 적에게서 (그리고
자신의 문제에서) 얻는다. (1749년)

호루라기에 너무 큰돈을 쓰지 마라

일의
본질적
쓸모

"인간은
일이 있을 때
만족하더라"

[프렌치 인디언 전쟁이 한창일 때, 프랭클린은 주지사의 명령으로 서북 국경지대의 책임자가 되었다. 그는 군사 560명을 모아 나덴허트 Gnadenhut로 진군했다. 그곳은 인디언 군대의 습격을 받아 파괴된 곳이었다. 그들은 도착한 다음 날 아침부터 바쁘게 일을 시작해 하루 만에 항구를 만들었는데, 그다음 날부터 엿새 동안 비가 내렸다. 이 한 주 동안 프랭클린은 인간의 흥미로운 특성을 발견했다] 나는 이 일을 통해 '사람은 일할 때 가장 만족을 느낀다'는 사실을 알게 되었다. 병사들은 일한 날에는 온화하고 쾌활했으며, 하루 일을 잘 마쳤다는 생각에 저녁 시간도 즐겁게 보냈다. 반면, 일이 없어 빈둥거린 날에는

말을 잘 듣지 않고 사소한 일로 다투고, 음식에 불평하고 종일 기분이 좋지 않았다. 나는 그 모습을 보며, 선원들에게 끊임없이 일을 시키는 선장이 떠올랐다. 항해사가 더는 시킬 일이 없다고 하면 선장은 말한다. "아, 그럼 닻에 윤이나 내라고 하게."[66]

[스스로 행복하지 않다고 느끼는 한 친구에게] 이렇게 기도해보길 바라네. "내 삶에 기쁨이나 행복이 없을 때조차, 다른 사람의 기쁨에 함께 기뻐하고 그들의 행복에 진심으로 행복할 줄 아는 법을 배우게 하소서." 그러면 아마도, 지금 머무는 곳에 싫증을 내거나, 지루함을 달래기 위해 여기저기 다니고 싶은 마음도 들지 않을 걸세. 나는 자네가 생오메르에 싫증 난 이유를 제대로 짚었다고 생각하네. 즉 기분이 안 좋기 때문이네. 하지만 그건 풍족한 생활과 게으름의 결과라네. 한 달쯤 브라이드웰 교도소에서 고된 노동을 하며 빵과 물만 먹고 지내보게. 심신이 건강해질 테고, 이후로는 어떤 상황에서도 기분 좋고 만족스럽게 살아갈 수 있을 거네. 나는 사랑하는 친구에게 이 '처방'을 권하네. 순전한 선의에서 하는 충고라는 걸 알아주게. 진료비는 받지 않겠네.[67]

호루라기에 너무 큰돈을 쓰지 마라

인생이
낭비되는
이유

**"이 세상에는
태어난 이유를
모른 채 먹고 자는
사람들이 많다"**

애너거스는 상당한 유산을 물려받은 신사였지만, 어떤 일을 배운 적도 없었고, 기분 좋게 시간을 보내는 법도 몰랐다. 그는 어떤 일에도, 그 어떤 정신 수양에도 전혀 관심이 없었다. 하루 24시간 중 열 시간은 침대에서 보냈다. 두세 시간은 소파에서 꾸벅꾸벅 졸았는데, 마음이 맞는 사람들을 만나면 매일 저녁 그 이상의 시간이 술에 녹아 사라졌다. 남은 대여섯 시간은 특별한 목적 없이 빈둥거리며 흘려보냈다. 하루 중 가장 중요하게 여긴 일은 식사를 계획하고 점심과 저녁 약속을 잡아 미리부터 그 시간을 기대하는 일이었다. 이는 그가 대식가라든가 미식가여서가 아니다. 그냥 더 좋은 생각을 할 줄 몰라 몸을 돌보는 것 외엔 할 줄 아는 일이 없었던 것이다. 그렇게 그는 유산을 물려받은 뒤, 10년을 아무 일도 하지 않는 데 정성을 쏟았다. 하지만 그 시대는 덕이라는 말을 남발하던 때라, 그는 '덕 있는 사람'이라 불렸는데, 그가 거나하게 취했다거나 성품이 방탕하다고 알려진 적이 없었기 때문이다.

어느 날 저녁, 홀로 사색에 잠겨 있던 중에 생각이 평소와는 완전히 다른 방향으로 진행되면서 그는 자신의 지난 삶을 되돌아보기 시작했다. 자신의 몸을 유지시키기 위해 얼마나 많은 생명이 희생되었는지, 곡물과 술은 또 얼마나 제물로 바쳐졌는지 생각했다. 어린 시절 배운 산수를 기억해내며 그는 성인이 된 이후 자신이 집어삼킨 것들을 계산하기 시작했다.

"매주 크고 작은 깃털 달린 생물 10여 마리가 내 생명을 연장시키기 위해 생명을 잃었으니, 10년 동안이면 그 수가 최소 6000마리에 달한다.

1년에 50마리의 양과 50마리의 검은소가 희생되었고, 그중에서도 가장 좋은 부위만 선별되어 매주 내 식탁에 올라왔을 것이다. 이렇게 해서 10년 동안 내 식사를 위해 도살된 양과 소가 1000마리에 달한다(이 숫자에 숲에서 얻은 것은 포함돼 있지 않다). 다양한 종류의 물고기 수백 마리가 내 식사를 위해 생명을 잃었고, 작은 물고기들은 그 수가 수천에 달한다.

내가 한 달 동안 먹을 고운 밀가루를 마련하는 데도 곡물이 3톤

넘게 필요했으니, 그 양은 실로 막대하다. 맥주와 와인, 그 밖의 온갖 술 수천 리터가 이 육신, 그러니까 음식과 술을 걸러내는 이 보잘것없는 몸뚱이를 거쳐갔다.

그런데 지금껏 나는 하느님과 인간을 위해 무엇을 했는가? 이 쓸모없는 생명, 이 가치 없는 인간에게 좋은 것들이 얼마나 많이 낭비되었는가! 내가 먹어치운 이 모든 것들 중에 가장 하찮은 생명조차도 나보다 충실하게 그 창조된 목적을 달성했다. 이들은 인간을 돕기 위해 창조되었고 그 목적을 달성해냈다. 내가 먹어치운 게와 굴, 곡물 알갱이 하나하나까지도 생태계 안에서 자기 역할을 나보다 더 적절하고 명예롭게 해냈다. 아, 이 얼마나 부끄러운 생명과 시간의 낭비인가!'"

그는 정당하고 엄격한 이성의 힘으로 도덕적 성찰을 계속해 결국에는 삶 전체를 완전히 바꾸었다. 자신의 어리석은 행동을 단번에 끊어내고 서른이 넘은 나이에 유용한 지식을 얻는 데 전념했다. 그는 이후 훌륭한 사람이자 신실한 기독교인으로 살아갔다. 지역에서는 친절한 이웃이었고 의회에서는 빛나는 애국자였다. 그는 양심의 가책 없이 생을 마감했고, 조국은 그의 무덤 앞에서 슬피 울었다.

그의 삶 전반을 알고 있던 세상은 그 놀라운 변화에 경탄을 금치 못했다. 사람들은 그를 개과천선의 기적으로 여겼으나, 정작 그는 자신을 짐승에서 사람으로 바꾸어주신 하느님의 능력과 자비에 감사와 찬미를 바쳤다.

하지만 이는 거의 유일한 사례였고, 기적이라 불러도 좋을 정도였다. 이 타락한 시대에, 쓸모 있는 존재가 되려는 최소한의 노력조차 없이 삶을 허비하는 젊은 상류층 남녀들이 얼마나 많은가? 그런 사람들을 마주할 때면 호라티우스의 시가 떠오른다.

이 세상에는
태어난 이유도 모른 채
먹고 자는 사람들이 많다.
그저 곡물을 소비하고
소, 닭, 물고기를 먹어치우며
빈 접시만 남긴다.
혐오스러운 이름의 불길한 새
까마귀나 큰까마귀도 그렇게 살지만,
그들은 제 할 일을 다하면서
곡물을 삼키고 시체를 먹는다.
그들이 죽어 묘비가 세워질 때
아첨도, 거짓도 쓸 수 없다면
들어갈 말이라곤 이밖에 없다.
빵을 다 먹어치웠고, 술을 다 들이마셨고,
그리고 잠이 들었다.[68]

호루라기에 너무 큰돈을 쓰지 마라

여가를
즐겁게
누려라

"재미없는 일은 없다.
다만 재미를 못 느끼는
사람이 있을 뿐이다"

[프랭클린은 지루함이나 우울함과는 거리가 먼 인물이었다. 그에게는 배워야 할 것, 해야 할 일, 이루고 싶은 목표가 가득했다. 그에게 여가란, 흥미로운 일을 펼칠 수 있는 또 하나의 기회였다. 이어지는 두 글은 수학과 체스에 대한 것이다] 기계적 논증은 학교에서 배우는 것보다 훨씬 넓은 영역에서 쓰이며, 생각을 올바르게 형성하고 사고력과 추론 능력을 강화시켜 모든 일에서, 심지어 수학과 관련 없는 영역에서도 진실과 거짓을 가릴 수 있게 해준다. 이러한 이유로 이집트, 페르시아, 스파르타에서는 수학적 지식이 없는 사람은 판단력이 부족해 나라를 다스리는 데 부적합하다고 여겨 왕으로 추대하지 않았다.

수학의 몇몇 분야는 그 유용성 덕분에 인류 대다수에게 꼭 필요한 지식이 되었고, 각자의 전문 영역을 넘어 수학과 조금이라도 관계 있는 사람들에게도 매우 유익한 도구가 되었다.

한편 철학자들은 일반적으로, 가장 뛰어난 지식이란 가장 고귀한 대상을 다루는 지식이라고 말한다. 그렇다면 인간에게 있어 수학보다 더 고결하고, 더 탁월하며, 더 유용하고, 더 고상하고 명확한 학문이 과연 존재할 수 있겠는가?[69]

체스는 단순히 게으른 사람들이 즐기는 게임이 아니다. 인생에서 매우 유용한 지적 능력을 키워주고, 이를 어떤 상황에서도 활용할 수 있는 습관으로 만들어준다. 인생도 체스와 같아서, 꼭 획득해야 할 것들, 겨뤄야 할 경쟁자나 적이 있고, 신중하게 행동했는지 여부에 따라 좋고 나쁜 다양한 결과들이 발생한다. 따라서 체스를 통해서 우리는 이런 것들을 배울 수 있다.

1. 통찰력. 한 수의 움직임이 어떤 결과를 낳을지 생각하며 미래를 내다보는 능력이다. "이 말을 움직이면 어떤 이득이 있을까? 상대는 이 상황을 어떻게 이용해 반격할까? 이동한 말을 지키고, 상대의 공격을 방어하기 위해서는 어떤 수를 둬야 할까?"
2. 주도면밀함. 체스판 전체, 곧 게임의 전반적인 흐름을 내다보는 능력이다. 말들이 어떻게 배치되어 있는지, 어떤 위험에 노출돼 있는

지, 서로 어떻게 협력할 수 있는지를 따져 보고, 상대가 어떤 수를 둘지, 어떤 말을 노릴지를 예측하며, 상대의 공격을 피하거나 이를 오히려 역공의 기회로 바꿀 수 있는 여러 방법까지 다 고려하는 것이다.

3. 신중함. 섣불리 수를 두지 않는 태도다. 이 습관은 체스의 규칙을 엄격히 지킴으로써 가장 잘 기를 수 있다. 예컨대 "말에 손을 대면 반드시 움직여야 하며, 한 번 놓은 말은 다시 되돌릴 수 없다"는 규칙이 그렇다. 이러한 규칙은 반드시 지켜져야 한다. 그래야 체스가 인간의 삶, 특히 전쟁을 닮을 수 있기 때문이다. 전쟁 상황에서, 경솔하게 자신의 군대를 위험한 위치에 몰아넣은 지휘관이 적에게 달려가 "실수였다. 나에게 철수할 기회를 달라"고 요청할 수 있겠는가! 결국 모든 결과는 스스로 감당해야 한다.[70]

아주
사소한 것들의
가치

"혼자 힘으로
작은 일들을 해낼 수
있는 것도 행복이지요"

[프랭클린은 런던 거리를 깨끗하게 만드는 방법을 몇 가지 제안한 후, 그것의 정당성을 이렇게 주장했다] 사소한 문제는 신경 쓸 필요가 없다고 생각하는 사람들이 있다. 그들은 바람이 부는 날 먼지가 가게 안으로 들어가거나 사람들의 눈을 아프게 하는 것이 중요하지 않다고 생각한다. 하지만 인구가 많은 도시에서는 이러한 문제가 빈번히 일어날 경우 결코 무시할 수 없는 문제가 된다. 따라서 이런 하찮아 보이는 일에 관심을 기울이는 이들을 사람들도 심하게 비난하지는 않을 것이다. 인간의 행복은 좀처럼 찾아오지 않는 큰 행운보다, 날마다 누릴 수 있는 소소한 이익들에서 더 많이 비롯되는 법이다.[71]

호루라기에 너무 큰돈을 쓰지 마라

[존 비글로는 《벤저민 프랭클린 전집The Works of Benjamin Franklin》에서 측량사이자 도시 계획가였던 엘리컷이 프랭클린을 방문한 때의 이야기를 기술했다] 그[프랭클린]가 작은 방 안에서 신문과 논문들 사이에 둘러싸여 있는 모습이 보였다. 그는 정중하게 나를 맞았고, 곧 서방 국가들에 관한 이야기를 시작했다. 그의 방은 오래된 철학 서적, 물리 기구, 상자, 탁자, 의자 등으로 가득 차 있었고, 그 풍경은 꽤 인상적이었다. 열 시쯤, 그는 난로 위에 물을 올려놓았는데, 나이 탓인지 힘겨워 보였다. 내가 도와드리겠다고 하자, 그는 자신이 약해졌다는 사실은 인정하지만, 그 사실에 굴복해 더 약해지지는 않기로 결심했다고 말했다. 물이 끓자 그는 거울도 없이 빠르게 면도를 했다. 내가 이발사에게 부탁하지는 않느냐고 묻자, 그는 이렇게 말했다.

"그렇소. 나는 행복이란 특별한 행운보다도, 늙어서도 남의 눈치보지 않고 내 일을 내가 할 수 있는 데 있다고 생각하오. 그래야 남의 마지못한 도움에 매달리지 않을 수 있지 않겠소."[72]

172
173

7. 행복의 기술

8.

진실과 정직은
순진한
덕목 아닌가

_____

"진실과 정직이
부족하면
모든 것이 부족하다"

아버지의
가르침

"정직하지
않은 일 가운데
쓸모 있는 일은
하나도 없다"

제분소 연못과 맞닿은 곳에는 바닷물이 드나드는 습지가 펼쳐져 있
었다. 밀물이 닿을 즈음이면 우리는 그 가장자리에서 작은 물고기들
을 낚으며 한가로운 시간을 보냈는데, 우리가 하도 밟고 다닌 탓에
진창이 되기 일쑤였다. 나는 친구들에게 우리가 딛고 설 수 있도록
작은 선창을 만들자고 제안했고, 그 근처에 새로 짓는 집의 자재로
쌓여 있던 커다란 돌무더기를 보여주었다. 그 돌들은 선창 재료로
쓰기에 딱 좋아 보였다. 그날 저녁, 인부들이 돌아간 뒤 나는 친구 몇
명을 모아 마치 개미 떼처럼 열심히 돌을 날랐다. 때로는 돌 한 덩이
에 두세 명이 매달려 옮기기도 하면서, 우리는 결국 작은 선창을 만

호루라기에 너무 큰돈을 쓰지 마라

들어냈다. 다음 날 아침, 작업 현장에 온 인부들은 돌이 사라진 것을 보고 깜짝 놀랐고, 우리가 만든 선창에서 그 돌들을 발견했다. 이내 누가 돌을 가져갔는지 추적에 나섰고, 결국 우리 무리가 발각되어 혼이 났다. 집에서 아버지에게 혼이 난 친구도 많았다. 나는 그 일이 유용했다고 주장했지만, 아버지는 나를 타이르며 말씀하셨다. "정직하지 않은 일 가운데 쓸모 있는 것은 하나도 없단다."[73]

| 인간의 본성만 고려하면, 악한 행위는 '금지되어 있기 때문에 해로운 것'이 아니라, '해롭기 때문에 금지된 것'이다. 따라서 이 세상에서도 행복하게 살고자 한다면, 무엇보다 덕을 갖추는 게 이익이다. 그리고 나는 (세상에는 늘 자신의 일을 정직하게 관리해줄 사람을 필요로 하는 부유한 상인, 귀족, 국가, 군주들이 있지만, 그런 사람은 귀해서 찾기가 쉽지 않기 때문에) 젊은이들에게 다음과 같이 강조해왔다. "가난한 사람이 성공하기 위해 가장 필요한 자질은 바로 정직함과 진실성이다."[74]

8. 진실과 정직은 순진한 덕목 아닌가

사소하다는
변명

"작은 것에서도
정의가 실현되지 않는데,
큰일에서는 과연 어떨까"

심지어 자기 스스로도 자신이 정직하다고 생각하면서 특정 상황에서는 부정직한 행위를 하는 사람들이 많습니다. 때로는 유행이나 관행으로, 때로는 단순한 부주의로 부정직한 행동을 합니다. 이는 이들의 정직함이 완전하지 않고 부분적이라는 의미입니다. 거래할 때당신을 속이는 사람은 카드 게임에서도 양심의 가책 없이 속임수를쓸 겁니다. 또 카드 게임에서는 공정한 사람이라도 말馬을 팔 때는 거리낌 없이 당신을 속일 겁니다. 하지만 선량한 사람들이 가장 빠지기쉬운 부정직한 행위는 밀수를 하거나, 밀수꾼의 물건을 사서 밀수를부추김으로써 탈세를 저지르는 것입니다.

호루라기에 너무 큰돈을 쓰지 마라

일전에 명망 있는 두 신사가 작은 땅을 거래하면서 나누는 이야기를 들었습니다. 땅 주인은 그곳을 추천하며 말하기를 바로 근처에 밀수가 벌어지는 해안이 있어서 가정에서 쓰는 물건들(차, 커피, 초콜릿, 브랜디, 와인, 브뤼셀 레이스, 프랑스산 실크, 온갖 인도산 물품 등)을 내륙에서 파는 (관세가 붙은) 가격보다 20~30퍼센트, 혹은 50퍼센트까지 싸게 살 수 있다고 했습니다. 땅을 사려는 '정직한' 신사는 그 말에 동의하면서도, 땅 주인이 땅 값을 너무 부풀린다고 주장했습니다. 하지만 둘 중 누구도 밀수꾼과 거래하는 것을 조금도 부끄럽게 여기지 않는 듯했습니다.

지금은 공적 부채의 부담이 크고, 비상시를 대비한 함대와 군대를 유지하는 데 막대한 비용이 필요해서 기존 세금에 덧붙여 새로운 과세 체계를 검토해야 할 정도입니다. 그래서 이런 시기에 사람들이 거의 생각해본 적 없는 관점에서 이 문제를 제기하는 것이 아주 헛되지는 않을 것 같습니다.

술집에서 친구들과 함께 저녁을 즐기고 똑같이 기쁨을 나누었으면서도, 꾀를 부려 자기 몫의 계산을 남들에게 떠넘기고 슬쩍 빠져나가는 동료를 본다면 어떨까요? 그를 '불한당'이라고 부른다면, 공공 사회가 주는 헤아릴 수 없는 혜택을 누리면서도 밀수를 하거나 밀수꾼과 거래하여, 의회에서 자신이 뽑은 대표들이 정한 정당한 세금을 회피하고 그 부담을 더 정직하고 어쩌면 훨씬 가난한 이웃들에게 전가하는 사람은 대체 뭐라고 불러야 마땅하겠습니까?

8. 진실과 정직은 순진한 덕목 아닌가

비열한 행동인 줄 뻔히 알면서도, 인격과 재산을 갖춘 사람들이 사소한 이익을 위해 그런 일에 가담하는 것을 우리는 매일 보고 있지 않습니까? 아는 신사에게 프랑스나 플랑드르에서 실크나 레이스를 몰래 가져다 달라고 부탁하는 것을 부끄러워하는 숙녀가 어디 있습니까? 그런 부탁을 기꺼이 실행에 옮기는 신사는 부끄러워하던가요? 전혀 그렇지 않습니다. 그들은 심지어 자신들의 이런 비열한 행위로 인해 결국 주머니가 털릴 사람들 앞에서도 거리낌 없이 그런 이야기를 나눕니다.

국가 재정의 여러 수입 항목 가운데, 우체국 수입은 최근 제정된 법에 따라 공공 부채를 상환하고 국가 운영 비용을 충당하는 데 사용되고 있습니다. 이제는 오직 의회의원과 일부 공직자만이 무료 우편 송달 특권을 사용할 수 있게 되었지요. 그런데 이들 가운데 누군가가 이 특권을 이용해 사적인 편지를 보내게 되면, 이는 국가에 손해를 끼치는 일이 됩니다. 심지어 이들은 그 사실을 감추려고 봉투에 주소와 수취인을 직접 적는 수고까지 하고 있습니다. 그런데 우리 사회는 이 점에 있어 정의 감각이 거의 마비되어 있습니다. 심지어 평판 좋은 모임에서도, 나름 '정직하다'고 여겨지는 신사나 숙녀가 무료 송달로 국가로부터 3펜스를 슬쩍 빼내려는 의도를 아무렇지 않게 드러내며, 부끄러움도 없이 의회의원에게 다가가 '그 작은 범죄'를 도와달라고 정중히 청하는 모습을 흔히 볼 수 있으니 말입니다.

이런 행위로 매년 엄청난 액수를 국고에서 빼내어 자신의 주머니를 채우는 사람들이 있습니다. 공공의 재산이 보관된 방을 지나가던 한 사람이 몰래 1기니를 주머니에 넣어 가져간다면, 그를 도둑이라고 해야 하는 것 아닙니까? 그렇다면 공공의 재산이라는 것을 알면서도 세금 1기니를 납부하지 않고 자기 이익을 위해 사용한다면, 범죄의 본질이나 그 비열함에 있어서 전자와 무슨 차이가 있습니까?

어떤 법에서는 훔친 물건을 받은 자도 훔친 자와 똑같이 처벌합니다. 이 원칙에 따르면 훔친 물건을 받는 사람이 없을 때 도둑도 사라질 것입니다. 속담도 말합니다. "훔친 물건을 받는 자도 도둑만큼 나쁘다." 같은 논리로 밀수품인 걸 알면서도 구매해 밀수꾼들을 부추기는 사람들이 없다면 밀수꾼도 사라질 겁니다. 그렇다면 우리는 밀수를 부추기는 자도 밀수꾼만큼 나쁘다고 해야 할 것입니다. 밀수는 일종의 절도이므로 밀수품 구매자도 밀수꾼과 마찬가지로 절도에 따른 처벌을 받아야 합니다.[75]

8. 진실과 정직은 순진한 덕목 아닌가

정직함의
가장 큰
이익

"걸릴 게 없는
깨끗한 양심은
언제나
평안함을 준다"

나는 누이가 말한 것처럼 나에게 불리하게 이야기하는 그 보고서에 별로 신경을 안 쓴다. 그동안 내가 도우려 애썼던 이들에게서조차 그런 대접을 받은 적이 많으니 말이다. 반대로 거의 아무 일도 하지 않았는데 과한 찬사를 받은 적도 있었지. 이런 일은 자연의 흐름과도 같다. 흐리고 비가 내리고 우박이 쏟아질 때가 있는가 하면, 맑고 쾌청하며 햇빛 찬란한 날도 있지. 전체적으로 볼 때 우리가 사는 세상은 꽤 좋은 곳이기에, 이 세상을 최대한 잘 살아내고 감사히 여기는 것은 우리의 의무야. 진정한 행복은 오늘 "호산나"를 외치다가 내일 "그를 십자가에 못 박으라"고 외치는 경솔하고 분별 없는 대중의 찬

호루라기에 너무 큰돈을 쓰지 마라

사에 있지 않아. 오히려 자신의 행위와 의도가 올바르다는 내면의 확신과, 공정한 안목을 가진 몇몇 사람들의 인정에서 오지.[76]

▌〔낙심해 있는 어느 친구에게〕 우리는 공적인 삶을 살아가는 동안, 사람들이 우리의 봉사에 곧바로 찬성하고 감사를 표하리라 기대해서는 안 되네. 오히려 우리는 비난과 심지어 상처를 주는 일들 속에서도 인내하며 꿋꿋이 견뎌나가야 하네. 양심을 지키는 데서 오는 만족감은 언제나 우리와 함께하네. 또한 가장 심한 편견을 지닌 이들조차도 시간이 흐르면 우리를 올바르게 평가하게 될 거네.[77]

▌〔매사추세츠에서 주지사와 부지사를 물러나게 해야 한다는 청원이 일어났다. 사람들은 프랭클린에게 그 청원서를 제출하라고 요구했다. 그러나 심리에서는 청원의 내용이 아니라, 오히려 프랭클린에 대한 인민재판이 진행됐다. 다음은 프랭클린의 친구인 프리스틀리 박사가 기록한 그 날의 내용이다〕 심리가 시작되자 주정부 측 변호인 웨더번 씨의 말에서 법정의 진짜 목적이 프랭클린 박사를 모욕하는 데 있다는 사실이 명백해졌다. 그동안 박사는 아무 감정도 내비치지 않은 채 나와는 멀리 떨어진 구석에 서 있었다.

식민지 측의 수석변호인 더닝 씨는 심하게 목이 쉬어 무슨 말을 하는지 제대로 알아들을 수 없었고, 차석변호인 리 씨가 입을 열 때라곤 힘없이 답변할 때뿐이었다. 그래서 웨더번 씨는 완전한 승리를 거두었다. 그가 빈정대며 내뱉는 농담에 모든 의원이 여러 번 대놓고 웃었다. 의장 가워 경도 예외는 아니었다. 주의회의 누구도 예의를 갖추지 않았고 진지하게 행동하지 않았다. 오직 늦게 와서 내 반대편 의자 뒤에 선 노스 경만이 예외였다.

심리가 끝나자 프랭클린 박사는 나가면서 내 손을 잡았는데 어떤 감정이 느껴졌다. 나는 곧 그를 따라갔고 대기실을 지나면서 웨더번 씨가 친구들과 추종자들 무리에 둘러싸여 있는 것을 보았다. 그는 나를 알았기 때문에 나한테 말을 걸려는 듯 한 발 내디뎠지만 나는 돌아서서 되도록 빨리 대기실을 벗어났다.

다음 날 아침, 나는 프랭클린 박사와 아침을 함께했는데, 그는 그 자리에서 이렇게 털어놓았다. "살아오면서 선한 양심의 힘을 이토록 깊이 느껴본 적은 없었소. 어제 나에게 그토록 큰 모욕을 안겨준 그 일이 내 생애 가장 떳떳한 행동 가운데 하나라는 확신이 없었다면, 그리고 똑같은 상황이 다시 와도 주저 없이 같은 선택을 하리라는 믿음이 없었다면, 나는 그 자리를 견뎌내지 못했을 것이오."[78]

부인, 내 안부를 걱정해주시고, 귀중한 정보를 전해주셔서 진심으로 감사합니다. 그 정보의 신빙성에 대해서는 조금도 의심하지 않습니다. 다만, 우리가 어떤 일에 관여하고 있는지를 알려고 하는 거짓된 친구들을 다 알아내는 것은 사실 불가능합니다. 그리고 누군가가 그런 목적으로 사람을 심어서 감시하게 한다면, 그런 감시를 피하는 일

호루라기에 너무 큰돈을 쓰지 마라

은 더더욱 어렵겠지요. 나는 오래전부터 이런 상황에서 불편을 겪지 않기 위해 한 가지 원칙을 지켜왔습니다. 아주 간단한 원칙이지요. 바로 '공개되어도 부끄럽지 않을 일에만 관여하고, 스파이가 본다 해도 떳떳한 일만 한다'는 것입니다. 누군가의 행동이 정당하고 명예롭다면, 그것이 널리 알려질수록 그의 평판은 오히려 더 높아지고 확고해집니다. 그러므로 나의 '안내인'이 스파이라고 확신하게 된다 해도, 만약 그 외 다른 점에서 그가 마음에 든다면, 단지 그 이유 하나만으로 그를 해고하지는 않을 것입니다.[79]

| 자네도 알다시피 영국에는 나를 적대시하는 이들이 몇 있네. 하지만 그들은 미국인으로서의 나의 적들이네. 미국에도 두세 명의 적이 있지. 하지만 그들도 내 공직상의 적일 뿐, 인간 벤저민 프랭클린의 적은 아니네. 이 세상에 한 사람으로서의 나의 적은 한 명도 없다는 점에서 나는 하느님께 깊이 감사드리네. 그분의 은혜로 나는 긴 세월을 살아오며 "프랭클린이 나에게 나쁜 짓을 했다"고 말할 수 있는 사람이 없도록 처신해올 수 있었네. 자네에게도 이미 적이 있겠지. 아니면 앞으로 생길지도 모르고. 그렇다고 그들 때문에 불행해지진 말게. 적들을 올바르게 활용한다면, 그들은 오히려 해보다는 득이 될 것이네. 그들은 우리의 잘못을 지적함으로써 우리가 더욱 조심하고 바르게 살아가도록 돕는다네.[80]

8. 진실과 정직은 순진한 덕목 아닌가

9.

프랭클린의
인간관계론

"인생은
이웃과 잘 지낼 때
훨씬 더 만족스럽다"

대화를
늘 논쟁으로
끌고가는
이들에게

"논쟁은
무익합니다"

나는 보스턴으로 가는 길에 뉴욕에서 막 돌아온 펜실베이니아의 새 총독 대리 모리스 씨를 만났다. 그는 예전부터 나와 가까운 사이였으며, 영주 명령으로 일어난 논쟁에 지쳐 사임한 해밀턴 씨를 대신해 부임하는 길이었다. 모리스 씨는 내게 앞으로의 행정이 어렵게 흘러가지 않겠느냐고 물었다. 나는 이렇게 대답했다. "아닙니다. 오히려 아주 순조로울 겁니다. 단, 의회와 어떠한 논쟁도 하지 않는다면 말입니다." 그러자 그는 이렇게 응수했다. "이보게, 자네. 어떻게 내게 논쟁을 피하라고 조언할 수 있나? 내가 논쟁을 얼마나 즐기는지 알지 않는가. 논쟁은 내게 큰 즐거움이야. 하지만 자네의 충고를 존중

호루라기에 너무 큰돈을 쓰지 마라

해서, 가능하면 논쟁은 피하도록 노력하겠네." 그가 논쟁을 즐기는 데는 이유가 있었다. 그는 언변이 뛰어나고 판단이 예리해, 토론에서 좀처럼 지는 일이 없었다. 들리는 말로는, 그의 아버지는 식사가 끝나면 어린 자식들에게 논쟁을 놀이처럼 하게 했다고 한다. 하지만 그런 방식이 현명했는지는 의문이다. 내가 관찰한 바로는, 이렇게 늘 논쟁하고 남의 의견을 반박하려 드는 사람은 대개 불행해진다. 이들은 가끔 논쟁에서 이길지 몰라도, 사람들의 호감을 얻는 데는 실패한다. 그리고 안타깝게도, 호감을 얻는 것이 훨씬 더 가치 있는 일이다.[81]

▎마을에는 나 말고도 책을 좋아하는 젊은이가 있었는데, 존 콜린스라는 청년이었다. 우리는 금세 가까워졌고, 자주 논쟁을 벌였다. 둘 다논쟁을 즐겼는데, 서로를 반박하는 데 열심이었다. 그러나 이런 성향은 나쁜 습관이 되기 쉽다. 끊임없는 반박은 함께 이야기하는 사람들에게 불쾌감을 주고 대화를 망쳐버린다. 그리고 새로운 우정을 쌓을 수 있었던 기회에 혐오와 적대감만 만들어낼 수 있다.[82]

▎친구의 책망은 칭찬보다 낫다.
적을 이기는 가장 고귀한 방법은 무시하고 내버려두는 것이다.
적을 잘 활용하면 해가 되기보다는 오히려 득이 된다.
논쟁으로 자신의 의견을 옹호하는 것은 적절하지 않다.[83]

화를 자주 내는
이들에게

"언제까지
미친 말을 탈 것인가"

▎ 격노하는 사람은 미친 말을 탄 것과 같다. (1749)

▎ 가난한 리처드의 말을 따르라.
　분노에서 시작된 것은 수치로 끝난다. (1734)

▎ 분노에는 항상 이유가 있지만, 선한 이유는 거의 없다. (1753)

▎ 필요할 때 발휘할 수 없다면
　당신의 인내심에 무슨 의미가 있는가? (1747)

호루라기에 너무 큰돈을 쓰지 마라

누군가가 나에게
상처를 줬다고
느껴질 때

"때론 상상의 결과일 수 있으니
한 번 더 생각해보라"

[프랭클린이 프랑스에 있을 때 유럽의 한 동료가 그에게 무시당했다고 생각해서 그를 심하게 원망하고 비난한 적이 있었다. 프랭클린은 그에게 이렇게 제안했다] 어젯밤 늦게 선생님의 편지를 받았습니다. 직접 뵐 수 있다면 충분히 설명드릴 수 있겠지만, 지금으로서는 상황상 충실한 답변을 드리기가 어렵습니다. 선생님이 제기한 문제는 이미 충분히 생각해보았습니다. 하지만 선생님께서 제게 품고 계신 그 판단을 며칠 동안은 감수해야 할 것 같습니다. 선생님은 제가 미국의 이익을 제대로 이해하지 못하고, 선생님의 말씀에 충분히 귀 기울이지 않는다고 생각하시는 듯합니다. 저는 이번 일들에 대해 정당한 설명

이 가능하다고 생각합니다. 아니, 어쩌면 애초에 그런 잘못이 없었다는 사실이 드러날지도 모릅니다. 선생님께서는 저로 인해 마음에 상처를 입었다고 하셨지요. 하지만 그 상처가 상상에 불과할 수도 있기에, 제 삶에 많은 도움이 되었던 한 격언을 전해드리고 싶습니다. "친구란, 옳았음이 증명할 때까지 의심하는 이가 아니라, 틀렸음이 드러날 때까지 믿어주는 이다." 선생님은 지금 그 문제에 대해 한쪽의 입장만 들으셨고, 또 그 입장을 바탕으로 여러 상상을 하신 것으로 보입니다. 하지만 다른 쪽의 이야기는 아직 모르십니다.[84]

호루라기에 너무 큰돈을 쓰지 마라

형제애에 관한
우화

용서하고
잊어버리는 힘

철기가 귀하던 시절, 미디안의 상인들이 향신료와 몰약, 향유, 철기 제품을 낙타에 싣고 지나가고 있었다. 르우벤은 이스마엘의 자손인 그 상인들에게서 도끼를 하나 사서 매우 소중히 다뤘다. 그의 아버지 집에는 도끼가 하나도 없었기 때문이다.

시므온이 와서 말했다.

"형님, 도끼를 좀 빌려주십시오."

그러나 르우벤은 거절했다.

레위도 말했다.

"형님, 저도 도끼를 빌려주시면 좋겠습니다."

르우벤은 다시 거절했다.

유다가 간청했다.

"형님은 저를 사랑하시고, 저도 항상 형님을 사랑합니다. 그러니 부디 도끼를 빌려주십시오."

그러나 르우벤은 등을 돌리며 유다의 부탁도 거절했다.

얼마 뒤, 르우벤이 강가에서 나무를 패다가 그만 도끼를 강물에 빠뜨리고 말았다. 아무리 애를 써도 도끼를 찾을 수 없었다.

그사이 시므온, 레위, 유다도 각자 이스마엘의 자손에게 심부름 꾼을 보내 도끼를 한 자루씩 구했다.

르우벤은 시므온을 찾아가 말했다.

"내 도끼를 잃어버렸어. 아직 일이 끝나지 않았네. 도끼 좀 빌려 주게."

시므온은 차갑게 대답했다.

"형님이 제게 도끼를 빌려주지 않으셨으니, 저도 빌려드릴 수 없습니다."

르우벤은 레위에게 갔다.

"아우야, 네 도끼를 좀 빌려줄 수 있겠니?"

레위가 말했다.

"형님은 제가 필요할 때 외면하셨지만, 저는 형님보다 나은 사람이 되고 싶습니다. 제 도끼를 빌려드리죠."

하지만 르우벤은 레위의 비난에 비통하고 수치스러워 도끼를 받

호루라기에 너무 큰돈을 쓰지 마라

지 않고 유다에게 갔다.

유다는 형의 얼굴에 슬픔과 수치심이 가득한 것을 보고 먼저 말을 건넸다.

"형님이 도끼를 잃어버리셨다는 걸 압니다. 그렇지만 그게 무슨 문제겠습니까? 제가 가진 도끼를 함께 쓰면 됩니다. 형님의 것처럼 자유롭게 쓰십시오."

그러자 르우벤은 고마운 마음에 눈물을 흘리며 유다를 끌어안고 입을 맞추며 말했다.

"네 친절도 훌륭하지만, 나를 용서한 너의 너그러움이 더욱 마음을 울리는구나. 너는 진정한 내 동생이야. 살아 있는 동안 너를 진심으로 사랑하겠다."

그러자 유다가 말했다.

"다른 형제들도 사랑합시다. 우리는 모두 같은 피를 나눈 형제들 아닙니까?"

막내 요셉이 이 일을 아버지 야곱에게 전하자 야곱이 말했다.

"르우벤은 잘못했지만 뉘우쳤다. 시므온도 잘못했고, 레위도 잘못이 없다고 할 수 없지. 그러나 유다의 마음은 고귀하다. 유다는 왕의 영혼을 가졌고, 그의 형제들은 그 앞에 절을 하게 될 것이다. 유다는 형제들을 다스릴 것이다."[85]

무시는 상처를 없애고, 복수는 상처를 키운다. (1749)

▮ 남에게 상처를 한 번 주는 것보다 차라리 자신이 여러 번 상처를 입는 게 낫다. (1735)

▮ 상처를 주면 스스로를 적보다 낮추게 된다. 복수는 자신을 적과 똑같은 사람으로 만들 뿐이다. 오직 용서만이, 우리를 적보다 높은 자리에 세운다. (1749)

호루라기에 너무 큰돈을 쓰지 마라

친구를 얻고 영향력을 발휘하는 법

> "확신하더라도
> 마치 확신하지 않는 듯
> 말하라"

나는 다른 사람의 의견을 직접 반박하거나 내 의견을 확신에 차서 주장하지 않기로 결심했다. 우리 준토의 오랜 규칙에 따라, 말할 때 '틀림없이', '의심의 여지 없이' 같은 단정적인 표현도 사용하지 않기로 했고, 대신 '내 생각에는', '내가 이해하기로는', '짐작건대', '현재로서는 이러저러하게 보인다'는 식의 표현을 쓰기로 했다. 누군가가 내가 보기에 잘못된 주장을 할 때도, 그의 말을 즉각 끊고 반박하며 그 오류를 지적하고 싶은 충동을 억누르고, '그 의견은 어떤 사안이나 상황에서는 옳을 수 있지만, 지금 이 경우는 조금 다르게 보인다'는 식으로 조심스럽게 말하기 시작했다. 나는 곧 이런 화법의 변화가

9. 프랭클린의 인간관계론

가져다준 유익을 발견했다. 대화가 훨씬 즐거워졌고, 내 의견은 더 쉽게 받아들여졌으며, 반박도 줄어들었다. 내가 틀렸을 때도 덜 수치스러웠고, 내가 옳았을 때는 상대방도 더 기꺼이 자신의 실수를 인정하고 내 의견을 따랐다.

처음에는 이런 태도가 내 타고난 성향과 맞지 않아 어색했지만, 점차 쉬워지다가 습관이 되었다. 아마 지난 50년 동안 누구도 내게서 이런 단정적인 표현을 듣지 못했을 것이다. 나는 이 습관 덕분에 새로운 제도나 기존 제도의 수정을 제안할 때 동료들의 지지를 얻을 수 있었고, 의회 활동 중에도 상당한 영향력을 행사할 수 있었다고 생각한다. 비록 연설에 능하지 못했고, 달변도 아니어서 단어를 선택할 때 머뭇거릴 뿐 아니라 정확한 언어도 쓸 줄 몰랐지만, 그 습관 덕분에 나는 대체로 내 주장을 관철시킬 수 있었다.[86]

자네를 괴롭히는 통풍이 오히려 도움이 되기를 바라네. 내게는 항상 도움이 되었네. 자네의 글은 돌려보내네. 그리고 비록 조언을 요청하지는 않지만, 조언을 바라는 듯해 내 생각을 말하겠네. 그 글을 당장 발표하지는 마시게. 적어도 1년은 곁에 두고 기다렸다가, 다시 읽어보고 그때 적절하다고 여기는 대로 했으면 하네. 이처럼 사적인 일로 공개적으로 공격하는 것은 결코 용서받지 못한다네. 두 사람 모두 자녀가 있으니, 그 원한이 자녀들에게까지 이어져 두 집안 모두에게 해가 될 수 있네. 존경과 애정을 담아, 늘 자네의 편인 친구가.[87]

호루라기에 너무 큰돈을 쓰지 마라

▎너도 알다시피, 나는 네 주장이 이번 논쟁에서 가장 설득력이 있었다고 생각한다. 그런데도 네가 다른 사람들을 생각해 기꺼이 자신의 주장을 접었으니, 나는 네가 논쟁에서도 이긴 셈이라고 본다. 대부분의 사람은 자신이 틀렸다는 걸 알게 되더라도, 한 번 고수했던 오류를 좀처럼 내려놓지 못하거든. 그렇기 때문에, 자기가 옳다고 생각하면서도 논쟁을 멈출 줄 아는 자세에는 더 큰 미덕이 있다고 나는 믿는다. 적어도 대화 상대에 대한 존중이기도 하고. 그리고 사실 우리의 지식이란 것은 알고 보면 너무나 불완전해. 또 우리 존재 자체도 수많은 이유로 끊임없이 실수와 오류에 쉽게 빠지지. 그래서 아무리 지식이 많은 사람이라 해도, 자기 말에 지나치게 확신을 보이는 것은 바람직하지 않다. 아무리 명백하게 옳다고 여겨지는 의견이라 하더라도, 겸손한 태도로 제시하는 편이 언제나 더 적절하고, 대개는 상대의 동의를 얻을 가능성도 더 크지. 포프가 말한 "확신하더라도 마치 확신하지 않는 듯 말하라"는 원칙은 그래서 참 좋은 격언이야. 그리고 네가 대화 중에 이 원칙을 어기는 모습을 내가 단 한 번이라도 보았다면, 진심으로 이 말을 네게 권했을 거야.[88]

▎세상에는 두 종류의 사람이 있다. 건강이나 재산, 생활 수준이 비슷하더라도 한 사람은 행복하고, 다른 사람은 불행하다. 이는 그들이 사물과 사람, 사건을 바라보는 시각이 다르기 때문이며, 이런 차이가 마음에 영향을 미치기 때문이다.

모든 상황에는 편안함과 불편함이 공존한다. 누구와 함께 있든, 그 대화 속에는 즐거운 면과 불쾌한 면이 함께 존재한다. 어떤 식탁이든 맛있는 음식과 그렇지 않은 음식이 같이 놓이며, 날씨 역시 언제나 좋은 점과 나쁜 점을 함께 지닌다. 어떤 정부든 선한 법과 악법이 공존하고, 그 법을 집행하는 방식 또한 마찬가지다. 시나 예술작품에도 결점과 아름다움이 공존하며, 거의 모든 얼굴에도 보기 좋은 부분과 흠이 섞여 있다. 대부분의 사람에게도 좋은 특성과 좋지 않은 특성이 함께 있다.

이런 현실 속에서 쉽게 행복해지는 사람은 긍정적인 면, 곧 사물의 편리함이나 대화의 유쾌한 부분, 음식과 와인의 훌륭한 점, 날씨의 좋은 점 등을 주의 깊게 보고 그것을 기꺼이 즐긴다. 반면, 불행에 쉽게 빠지는 사람은 언제나 그 반대 면만을 주목하고 언급한다. 그래서 이들은 끊임없이 불평하고, 즐거운 분위기를 망치며, 타인을 불쾌하게 만들어 어디서든 환영받지 못하는 존재가 된다.

이런 성향이 타고난 것이라면 그들은 동정을 받을 만하다. 하지만 트집을 잡고 불만을 품는 태도는 대개 타인을 모방하다가 자신도 모르게 습관이 된 것이다. 이런 습관이 아무리 깊게 자리 잡았더라도, 그것이 자신의 행복에 얼마나 큰 해악을 끼치는지를 깨닫게 된다면 충분히 고칠 수 있다. 이 나쁜 습관은 상상 속에서 시작되지만, 실제로 삶에 슬픔과 불운을 끌어들여 심각한 고통을 안긴다. 그러니 이 경고가 누군가에게 도움이 되어, 그 습관을 바로잡는 계기가 되

호루라기에 너무 큰돈을 쓰지 마라

기를 바란다.

많은 사람이 이런 유형의 사람을 불쾌해하며, 아무도 이들을 사랑하지 않기 때문에 최소한의 예의와 존중밖에 보여주지 않는다. 그런 경우가 드물지 않기에 이들은 자주 불쾌해하고, 말다툼과 소란을 일으킨다. 만약 이들이 지위나 부를 얻고자 한다면, 누구도 그들의 성공을 바라지 않을 것이며, 그들에게 유리한 조언이나 도움을 하나도 주지 않을 것이다. 그들이 공개적으로 비난을 받거나 망신을 당할 경우에도, 누구 하나 나서서 그들을 변호하지 않을 것이고, 오히려 많은 사람이 그들의 잘못을 더 끄집어내 그들을 혐오스러운 존재로 만들 것이다.

이들이 자신의 나쁜 습관을 고치지 않고, 불쾌한 것들로 자신과 타인의 기분을 해치며, 자신을 낮추어 기분 좋은 것들에 기뻐하지 않는다면, 우리는 이들과 거리를 두는 것이 현명하다. 이런 사람을 알게 되면 늘 불쾌하고, 때로는 매우 곤란해지는데, 특히 그들의 분쟁에 휘말릴 때 그렇다.

물리학자인 내 오랜 친구도 경험을 통해 그런 성향의 사람들을 경계하게 되었고, 그들과는 친분을 맺지 않기 위해 조심스럽게 피했다. 그도 다른 물리학자들처럼 기온을 측정하는 온도계와 날씨가 좋을지 나쁠지를 가늠하는 기압계를 가지고 있다. 하지만 사람의 성향을 첫눈에 파악할 수 있는 기계는 없었기에 대신 자신의 다리를 활용했다. 그의 두 다리 중 한쪽은 보기 좋았고, 다른 한쪽은 사고로 인해 심하게 굽고 일그러져 있었다. 처음 만난 사람과 이야기를 나눌 때, 그가 자신의 보기 좋은 다리보다 추한 다리에 더 신경을 쓴다면 그는 그를 의심했다. 만약 상대가 추한 다리에 대해서만 언급하고 보기 좋은 다리는 무시한다면, 내 친구는 그와는 더 이상 관계를 이어가지 않겠다고 판단했다.

모든 사람이 내 친구의 두 다리처럼 확실한 기준을 가지고 있는 것은 아니지만, 조금만 주의를 기울이면 심술궂고 트집 잡는 성격을 충분히 알아차릴 수 있다.

나는 그러므로, 비판적이고 짜증을 부리고 불평만 하는 불행한 사람들에게 충고하고 싶다. "다른 사람들의 존중과 호감을 얻고 스스로 행복해지려면, 추한 다리는 이제 그만 보십시오."[89]

호루라기에 너무 큰돈을 쓰지 마라

'금지된 자기 자랑'의 역습

"나를 자랑할 수 없다면,
네가 잘되는 것도
인정할 수 없다"

나는 서른다섯 살의 젊은 여자야. 지금은 어머니와 함께 살고 있고 생계를 책임져야 한다는 부담은 전혀 없어. 그 덕분에 동포들의 이익을 위해 '비난'이라는 분야에서 내 재능을 활용하는 게 내 의무라고 생각하고 있고 실제로도 그럴 의향이 있어. 내가 듣기로 어떤 관대한 황제는 머리 위로 해가 떠서 지기까지 아무에게도 은혜를 베풀지 못했을 때면 친구들에게 라틴어로 디엠 페르디디diem perdidi, 즉 "하루를 헛되이 보냈다"고 말하곤 했대. 나도 누군가를 불쾌하게 만들 기회를 놓치거나 그런 기회 자체가 없는 날엔 똑같이 말해야 한다고 생각해. 다행히 지난 10여 년 동안 그런 날은 한 번도 없었지만.

하지만 내가 아무리 좋은 일을 한다 해도, 처음부터 공공의 이익을 생각해서 그런 미덕을 실천했다고 하기는 좀 그래. 어릴 적엔 늘 나 자신을 칭찬하고 싶어 안달이었고, 그래서 자주 버릇없다는 얘길 들었지. 한 번은 그 버릇 때문에 크게 매를 맞은 적이 있었는데, 그 일 이후로 억눌렸던 자랑 욕구가 다른 방향으로 터져나왔고, 그때부터 나는 남을 헐뜯기 시작했어. 그게 사람들에겐 자랑보다 훨씬 더 잘 먹혔고, 나한테도 거의 똑같은 만족감을 줬거든. 결국 자기를 높이는 거나 남을 낮추는 거나 뭐 그렇게 큰 차이가 있겠어? 비방이라는 것도 다른 미덕들과 마찬가지로 그 자체로 어느 정도 보상이 돼. 남을 깎아내리면, 우리가 더 나아 보이거나 최소한 저쪽이 우리보다 나을 건 없어 보이는 데서 오는 묘한 만족감이 생기니까.[90]

칭찬을 즐기는 것에 대한 선생님의 말씀은 정말로 옳습니다. 모두의 마음에 그런 성향이 어느 정도 자리 잡고 있지요. 그런 점에서 우리는 대개 위선을 떨고 있는 셈입니다. 칭찬을 싫어하는 척하고, 고대인이 '가장 달콤한 음악'이라고 일컬은 이것에 우리의 훌륭하고도 겸손한 귀가 불쾌해하는 척하지요. 이 위선은 타인의 자존심 또는 그들의 시기심에 바치는 제물일 뿐입니다. 저는 오히려 둘 다 수치스럽게 여겨야 한다고 생각합니다.

누구였는지는 기억나지 않지만 어느 로마인이 이런 말로 자화자찬을 정당화했습니다. "모든 자유인에게는 타인을 어떻게 생각하는

호루라기에 너무 큰돈을 쓰지 마라

지뿐 아니라 자신을 어떻게 생각하는지에 대해서도 말할 수 있는 권리가 있다." 이것은 모든 아이들이 보이는 타고난 성향입니다. 아이들은 거리낌 없이 "나는 착한 아이야, 나 착하지?" 같은 말을 하다가 자주 꾸지람을 듣고, 자만하지 말라는, 그리고 자기 자랑을 입 밖에 내는 것은 부적절하다는 등의 말을 듣고 그러기를 멈춥니다. 하지만 "나투람 엑스펠라스 푸르카, 타멘 우스퀘 레쿠레트naturam expellas furca, tamen usque recurret", 즉 타고난 본성은 바꿀 수 없습니다. 아이들은 금지된 자기 자랑 대신 타인을 비난하는 법을 배웁니다. 비난은 자기 자랑의 간접적 표현일 뿐입니다. 어떻게든 타인의 행동을 비난하는 것은 이렇게 말하는 것과 다름없습니다. "나는 너무나 정직해서 혹은 현명해서, 선량해서, 신중해서 그런 행동은 할 수도 용납할 수도 없어." 내가 보기엔 비난과 험담의 일반적인 원인은 타인에 대한 악의라기보다는 자기애自己愛인 것 같습니다. 그래서 나는 사람들이 이렇게 자연스러운 흐름을 막도록 교육받지 않았다면 어땠을까 생각해봅니다. 자연스러운 흐름을 막은 탓에 갈 곳을 잃은 물길이 이웃 땅으로 흘러넘쳐 피해를 주고 있으니까요.

내 생각엔 자화자찬을 마음껏 하는 데는 또 다른 장점이 있을 수 있습니다. 즉 우리가 잘못 생각하고 있다면 누군가가 선뜻 바로잡아줄 수 있다는 겁니다. 하지만 지금은 우리가 우리의 자만심, 그릇된 자기 평가를 아주 조심스럽게 숨기고 있고 아마도 무덤까지 가지고 갈 텐데, 누가 건강해 보이는 사람에게 약을 주겠습니까? 그리고 우리가 자신의 선행을 자유롭게 이야기할 수 있게 되면 또 다른 선행을 유도할 수도 있을 겁니다. 그러면 우리는 반박을 당하거나 거짓말한다는 비난을 받지 않고도 자신의 선행을 이야기할 수 있겠지요. 반면 자신의 선행을 언급하는 것이 허용되지도 않고 다른 사람들이 그 선행을 알아차릴지 아닐지도 알 수 없는 지금과 같은 경우, 우리는 선행에 더 무관심해질 수밖에 없을 겁니다. 그래서 전체적으로 볼 때, 저는 지금은 시대에 뒤떨어진 것으로 여겨지는 자화자찬이 돌고 도는 유행처럼 다시 널리 퍼지길 바랍니다. 하지만 유감스럽게도 우리 시대에는 그런 일이 일어나지 않을 것 같습니다. 그러니 우리는 영원히 그나마 받을 수 있는 작은 칭찬에라도 만족하며 살 수밖에 없겠지요.[91]

호루라기에 너무 큰돈을 쓰지 마라

우정은 태도의
결과다 1

비굴하지 않으면서도
적의 환심을 사는 법

나는 1736년 의회 서기로 선출되면서 첫 공직 생활을 시작하게 되었다. 반대하는 사람은 아무도 없었다. 하지만 이듬해 내가 다시 천거되었을 때(서기 선임은 총회 회원 선임과 마찬가지로 매년 이루어진다), 새 의원이 다른 후보를 편들며 나의 재선임에 반대하는 긴 연설을 했다. 그럼에도 나는 선임되었다. 내게는 썩 기분 좋은 일이었다. 그 자리에 있는 동안에는 서기직 봉급 외에도 여러 주의회 의원들과 친분을 쌓을 기회를 얻을 수 있고, 투표용지와 법조문, 지폐, 공문서 같은 인쇄 일거리도 보장받을 수 있었기 때문이다. 나에겐 손해될 게 하나도 없었다.

9. 프랭클린의 인간관계론

그런 까닭에 나는 이 새 의원의 반대가 달갑지 않았다. 그는 좋은 교육을 받았고 재산도 많은 신사였다. 재능이 뛰어나 머지않아 의회에서 큰 영향력을 발휘할 것으로 보였는데, 이후에 실제로 그렇게 되었다. 그렇다고 그의 환심을 사기 위해 비굴하게 행동하고 싶지는 않았다. 대신 얼마 후에 다른 방식으로 접근해보았다. 그의 서재에 아주 희귀한 책이 있다는 이야기를 듣고, 나는 그 책을 읽고 싶다는 바람을 표현하며 며칠간 책을 빌려달라는 짧은 편지를 그에게 보냈다. 그는 곧바로 책을 빌려주었고, 나는 일주일 후에 책을 돌려주면서, 깊은 감사의 편지를 함께 적어 보냈다. 우리가 다시 의회에서 만났을 때, 그전까지는 그런 적이 단 한 번도 없었던 그가 내게 아주 정중하게 말을 걸어왔다. 이후로 그는 언제나 나를 기꺼이 도우려 했으며, 우리는 아주 좋은 친구가 되어 그가 죽을 때까지 우정을 이어갔다.

이것은 내가 배운 오래된 격언이 옳음을 보여주는 좋은 사례다. "당신이 친절을 베푼 사람보다는, 당신에게 한 번이라도 친절을 베푼 사람이 더 기꺼이 친절을 베푼다." 분노하고, 보복하고, 적대적인 관계를 지속시키기보다는 신중하게 접근해 풀어나가는 것이 훨씬 더 이롭다.[92]

┃ 이와는 달리, 친절하고 유쾌한 에우제니우스는 전혀 다른 성품을 지녔다. 그는 자신이 칭찬받는 것보다 친구들의 재치가 빛나도록 이끌어줄 때 더 큰 즐거움을 느낀다. 그리고 일행 중 누군가가 불행히도

호루라기에 너무 큰돈을 쓰지 마라

조롱의 화살에 상처 입을 상황이 오면, 에우제니우스는 재치 있는 기지를 발휘해 그 조롱의 방향을 자신에게 돌려버린다. 친구가 당황해하는 모습을 지켜보며 괴로워하느니, 차라리 자신이 모두의 웃음거리가 되는 쪽을 택하는 것이다.[93]

[존 폴 존스 해군 사령관에게 한 충고] 저는 대령의 인간성과 신중함을 높이 평가합니다만, 밴크로프트 박사에게 보낸 편지에서 아무런 잘못도 없는 친구들을 탓한 점은 유감스럽게 생각합니다. 친구들은 대령을 탓하지 않고 조용히 넘어갔습니다. 그들은 대령이 파리에 오지 않고, 본래 임무를 다해야 할 배에 머물렀더라면 배를 잃는 일은 없었을 거라는 말조차 꺼내지 않았습니다. 그런데 이제 와서 그들이 배를 되찾는 데 협조하지 않았다고 비난하고 계신 겁니다. 피해를 막기 위해 배를 포기한 것은 대령의 자발적인 결정이었고, 그 결정은 옳았습니다.

그렇지만 앞으로는 장교들이나 친구들의 공로를 조금 과장해서라도 넉넉히 칭찬하고, 자신의 잘못에 대해서는 실제보다 더 크게 책임을 인정하십시오. 오히려 그 덕에 더 빨리 훌륭한 지휘관이 되실 겁니다. 함께하는 이들을 지나치게 비판하고 책망한다면 우호적인 이들은 줄고 적은 늘어나, 결국 대령의 일에도 차질이 생기게 될 것입니다.[94]

우정은 태도의
결과다 2

"표현되지 않는 마음은
전달되지 않는다"

▎스트레이니에게.

나는 지금 뉴잉글랜드로 가는 길이네. 여름이 끝날 때까지 그곳에서 지낼 생각일세. 최근 자네에게 편지를 보낸 터라, 굳이 더 할 얘기는 없네. 어떤 목적이든 아무 내용도 없는 편지를 받고 자네가 1실링을 내야 한다고 생각하니, 내 양심이 찔리는군.

하지만 이번에 자네의 지인 몇몇에게 편지를 썼기에 자네만 빼놓는다면 나를 용서하지 않을까봐 두려웠네. 이 모든 게, 사람이 항상 마음씨 좋을 수만은 없기 때문이지. 그렇지만 자네에게 그런 결점이 있다는 게 나는 오히려 기쁘다네. 흠이 전혀 없는 사람은 참 부담스

호루라기에 너무 큰돈을 쓰지 마라

러운 법이지. 그런 사람은 친구들을 무안하게 만들기도 하니까 말일세. 하지만 나는 자네를 대단히 아끼네.[95]

〈태틀러The Tatler〉에 한 소녀가 갑자기 우쭐한 태도를 보인 이야기가 실려 있더군. 아무도 그 이유를 알지 못했는데, 알고 보니 그녀는 새 실크 가터*를 신고 있었다고 하네. 나에게도 그 소녀처럼 우쭐할 일이 생긴다면, 자네가 왜 그런지 궁금해하지 않게 내 새 가터는 속치마에 숨기지 않고 자네에게 보여주겠네. 그게 바로, 우리 친구 콜린슨이 최근 보내온 편지의 한 대목일세. 허영은 삼가야 마땅한데, 이번만큼은 억누르기 어렵군. 옮겨 적지 않겠다고 다짐해놓고도 도무지 참을 수가 없네.

자네 친구들 중 누군가가 자네가 예전보다 고개를 조금 더 높이 들고 다닌다고 말하거든, 이렇게 전하게나. 프랑스 국왕께서 마제아스 신부**에게 명하여, 가장 정중한 표현으로 왕립학회에 편지를 보내게 하셨다네. 전기 분야에서 유익한 발견을 하고, 뾰족한 금속봉을 이용해 뇌우의 피해를 막은 펜실베이니아의 프랭클린 씨에게 국왕의 감사와 찬사를 공식적으로 전하라는 말씀이었지. 이 정도의 영예를 생각하면, 자네가 조금 우쭐한다 해서 누가 뭐라 하겠나? 자네

---

* 양말이 흘러내리지 않게 묶는 끈으로 장식적인 요소가 많았다.
** 프랑스 과학 아카데미와 영국 왕립학회의 회원으로 프랭클린이 발명한 피뢰침으로 실험을 하기도 했다.

의 '뾰족한 끝' 이론과 그 검증에 관한 흥미로운 실험이 담긴 네 통의 편지가 이번 〈왕립학회 회보〉에 실릴 예정이라네. 이제 내가 자네 모자에 깃털 하나를 꽂아줬으니, 오래도록 그 깃털을 자랑스럽게 달고 다니게나."

이 대목을 다시 읽어 보니, 정작 나는 그 소녀만큼 우쭐할 이유는 없는 것 같네. 모자에 꽂은 깃털이라는 게 실크 가터처럼 실제 쓸모 있는 물건은 아니지 않나. 사람마다 자부심이 충족되는 방식은 참 다르지. 만약 국왕 폐하께서 내게 원수의 지휘봉을 내리셨다 해도, 자네가 내게 보여준 존중과 신뢰만큼 자랑스럽지는 않을 걸세.[96]

▌케임스 경께.

저는 지금, 저를 미국으로 실어다 줄 바람만 기다리고 있습니다. 하지만 이 아름다운 섬과 소중한 친구들을 뒤로하고 떠나야 한다니, 그저 애석할 따름입니다. 물론 저는 제가 사랑하는 조국과 사람들 곁으로 돌아가는 길입니다. 구세계에서 신세계로 향하는 여정이지요. 이별의 슬픔, 여행에 대한 불안, 그리고 미래에 대한 희망이 뒤엉켜, 마치 이 세상을 떠나 다음 세상으로 가는 듯한 기분입니다. 이 복잡한 감정들이 한꺼번에 밀려와 마음을 어지럽히고 무겁게 만듭니다. 죽음을 앞둔 사람들은 흔히, 살아 있는 친구들에게 혹시라도 서운하게 한 일이 있다면 용서해달라고 간청하지요.

저 역시, 오랫동안 안부를 전하지 않고 귀한 책을 보내주신 호의에도 감사 인사 한마디 전하지 못한 실례를 너그러이 용서해주시기를 바랍니다. 오늘 할 일을 내일로 미루는, 당신께서는 상상조차 하기 어려운 나쁜 습관을 지닌 저를, 너그러이 이해해주실 수 있을까요. 안타깝게도, 이 습관은 나이가 들수록 더 심해지기 마련이고, 우리가 내세울 수 있는 변명이라곤 그저 '어떻게 고치는지 모른다'는 말뿐입니다.[97]

▌[병상에서 조지 워싱턴에게] 병 때문에 앉아서 편지를 쓰는 일이 상당히 고통스럽습니다. 하지만 사위인 배치 군이 뉴욕을 떠나기 전에 그를 통해 우리 모두에게 너무나 소중한 당신의 건강이 회복되었다는 소식과, 당신의 지도 아래 새 정부가 점점 더 힘을 얻어가고 있다는 사실에 대해 꼭 축하의 인사를 전하고 싶었습니다. 저는 사실 2년 전에 벌써 죽었어야 마땅했을지도 모릅니다. 지난 2년을 극심한 고통 속에서 보내야 했으니까요. 하지만 그 시간을 살아낼 수 있어 다행스럽게 생각합니다. 그 시간 동안 이 나라의 현재 모습을 지켜볼 수 있었기 때문이지요. 이제 제 여든네 번째 해가 저물어가고 있습니다. 아마도 이와 함께 이 세상에서의 제 여정도 끝나게 되겠지요. 하지만 제가 다음 세상에서 어떤 존재가 되든, 이곳의 기억을 단 하나라도 간직할 수 있다면, 틀림없이 소중한 벗인 당신에 대한 오랜 존경과 경의, 그리고 변함없는 애정이 함께할 것입니다.

　　당신의 가장 진실한 벗, 벤저민 프랭클린[98]

▌[일주일 후, 조지 워싱턴의 답장] 지난 16일 자 편지에서 저의 회복을 진심으로 축하해주시고, 오래된 우정을 따뜻하게 표현해주신 데 깊이 감사드립니다. 특히 병고 가운데 손수 편지를 써주셨다는 점을 생각하면, 그 마음이 더욱 값지고 감사하게 느껴집니다.

당신이 겪고 계신 극심한 고통이 사라져 제가 기꺼이 다시 축하드릴 수 있기를 바랍니다. 그리고 당신의 존재가 이 나라에 이로웠고, 인류에게도 깊은 도움을 주었듯이, 그 삶의 마무리 또한 평온하시기를 하느님께 간절히 기도드립니다. 혹시 시민들의 마음이 하나로 모이고, 학문과 인류를 위하는 모든 이들의 기도가 모여 당신의 고통과 병을 없애줄 수 있다면 깨끗이 나으시겠지요. 물론 현실적으로는 불가능한 일이겠지요. 하지만 당신께는 확실히 그 고통을 다스릴 수 있는 단 하나의 수단, 철학자의 정신이 있습니다.

자비로움으로 존경받고, 재능으로 감탄을 자아내며, 애국심으로 추앙받고, 자선으로 사랑받는 것이 인간에게 큰 기쁨이 된다면, 당신은 결코 헛된 삶을 살아오지 않으셨다는 사실에서 깊은 위로를 얻으실 수 있을 것입니다. 그리고 당신의 진정한 벗은, 기억이 남아 있는 한 언제까지나 존경과 사랑, 그리고 변함없는 애정을 품고 당신을 기억할 것입니다.

조지 워싱턴[99]

호루라기에 너무 큰돈을 쓰지 마라

가족의 힘

"모든 인간관계 가운데
가장 지속적이고 만족스러운
관계는 가족이다"

▍ 〔영국에서 아내에게〕 중요한 사람들과 우정을 맺고 지적인 사람들과 교류하는 일이 즐거운 것은 분명 사실이오. 하지만 인생의 이 시점에서 나를 가장 확실하게 만족시키는 것은 바로 가정의 안락함이라오. 가족들과 떨어져 있다는 불안함과 함께하고 싶다는 간절함 때문에 이 유쾌한 사람들 사이에서도 문득문득 한숨을 내쉬는구려.[100]

▍ 영국 속담에 이런 말이 있다. "성공하려거든 아내에게 먼저 물어보라." 나는 운 좋게도 나만큼이나 근면하고 검소한 아내를 만났다. 그녀는 제지업자들을 위해 헌 리넨 조각을 접어주는 등 기꺼이 내 일

을 도왔다. 우리는 한가롭게 지내는 하인을 두지 않았고, 식탁은 언제나 소박했으며, 가구는 가능한 한 가장 저렴한 것으로 꾸몄다. 내 오랜 아침 식사는 차도 없이 빵과 우유가 전부였고, 이를 2펜스를 주고 산 얕은 토기 사발에 담아 백랍 숟가락으로 떠먹었다.

하지만 아무리 원칙을 지키려 해도 사치란 놈은 어떻게든 집 안으로 스며들고야 만다. 어느 날 아침 식사를 하러 갔더니, 음식이 사기그릇에 담겨 있고 은수저가 함께 놓여 있는 것이 아닌가! 아내가 나 모르게 준비한 것이었고, 그 비용이 무려 23실링이나 됐다. 하지만 그녀는 아무런 변명도 사과도 하지 않았다. 다만 남편도 이웃 사람들처럼 사기그릇과 은수저로 식사할 자격이 있다고만 했다. 그날이 우리 집에 처음 사기그릇이 등장한 날이었다. 그리고 세월이 흐르고 형편이 나아지자, 우리는 결국 수백 파운드어치에 달하는 사기그릇을 갖게 되었다.[101]

[결혼한 지 25년이 흐른 후, 프랭클린이 어느 젊은 여성 친구에게] 자네가 보내준 치즈는 참 훌륭했네. 그중에서도 특히 하나는 아주 뛰어났네. 내 친구들 모두가 그 치즈를 맛보더니, 지금껏 먹어본 어떤 영국 치즈보다 맛있다고 입을 모아 칭찬했지. 내 아내, 프랭클린 부인은 젊은 아가씨가 늙은 남편을 생각해 이런 선물까지 보냈다는 사실에 무척 자랑스러워했네. 치즈가 식탁에 오를 때마다 자네 이야기를 꺼내지.

호루라기에 너무 큰돈을 쓰지 마라

아내는 자네가 분별 있고 현명한 여성이며, 뛰어난 살림꾼일 거라 확신하면서, 언젠가 나를 자네에게 유산으로 남겨주겠다고 하더군. 하지만 나는 자네가 훨씬 더 좋은 사람을 만나길 바라고, 아내는 앞으로 수백 년은 더 살았으면 좋겠네. 어느 노랫말처럼, 우리는 함께 늙어가고 있어서 그녀에게 작은 흠이 있더라도, 나는 이미 너무 익숙해져 잘 보이지 않는다네.

우리에겐 모두 흠이 있고, 나의 조앤도 흠이 있네.
하지만 그 흠은 너무 사소하고,
이제는 내 것처럼 익숙해져서
거의 보이지 않네.
사랑하는 친구들이여,
나는 좀처럼 그것을 볼 수가 없다네.

정말이지, 자네를 떠올릴 때와 마찬가지로, 나는 아내에게도 흠이 없었다는 생각이 드네. 그리고 아내는, 자네가 바라는 만큼 자네를 아껴주어야 한다고 내게 당부하니, 우리 함께 이 노부인이 오래도록 평온하고 행복하게 살기를 기도하세.[102]

사랑하는 딸아, 인간의 이성은 참으로 불확실한 것이 틀림없구나. 너와 나처럼 분별 있는 두 사람이 같은 전제에서 전혀 반대되는 결론에 이를 수 있으니 말이다. 나는 이성이란 눈먼 안내인이라고 생각한다. 오히려 진실하고 확실한 직감이 더 큰 가치를 지닐 수 있지. 인간보다 열등하다고 여겨지는 동물들이 1년 동안 저지르는 실수보다, 이성을 따른다고 자부하는 한 사람이 한 달 동안 저지르는 실수가 더 많을지도 모른다. 그런 점에서, 나는 네 엄마가 곁에 있다는 사실이 참 다행이라고 생각한단다. 어려운 문제 앞에서는 그녀의 의견을 따르는 습관을 들였거든. 내 생각엔, 여성에게는 이성보다도 훨씬 더 믿을 만한 '어떤 느낌'이 있는 것 같구나.[103]

[누이와 죽은 형의 아내 사이에 다툼이 생겼을 때, 프랭클린이 누이에게] 나는 무엇보다도 가족 간의 다툼을 가장 안타깝게 여긴다. 그런데 그런 일이 우리 가족 안에서 일어났다고 하니, 정말 마음이 아프구나. 너와 형수님 중 누구의 말이 옳은지를 내가 가릴 수 없는 이유는, 무엇보다 내가 너무 멀리 떨어져 있고, 한쪽 이야기밖에 듣지 못했기 때문이다. 형수님과 조카들은 나에게 늘 친절하고 따뜻하게 대해주었고, 이는 너 또한 마찬가지였다. 그러니 내가 할 수 있는 말은 그저 화해하기를 바란다는 것뿐이야. 그리고 먼저 화해를 청하며 다가서는 쪽에게 마음이 더 가는 건 어쩔 수 없겠지. 너는 어쩌면 내가 너와 형수님을 똑같이 대한다고 서운해할지 모르겠다. 하지만 그렇다 하더라도, 사랑하는 누이야, 내가 누이를 진심으로 사랑한다는 사실만은 기억해주었으면 한다.[104]

호루라기에 너무 큰돈을 쓰지 마라

▮ 〔딸과 사위에게〕 남은 여생을 가족과 함께하고 싶은 마음이 커서, 배의 흔들림을 견뎌낼 수 있을지 시험해보기로 했단다. 견디지 못하면 영국해협 어딘가에 내려달라고 하고, 유럽에서 생을 마감하는 것도 운명이라 여기려 한다.[105]

▮ 나도 딸과 함께 지내고 있네. 인생이 서서히 기울어가는 이 시기에, 딸은 큰 위안이 되네. 하지만 아들은 지난 전쟁에서 적의 편을 들고는 나와 멀어졌네. 지금은 자기가 지지한 영국에 머물며 연락도 없이 지내고 있지. 그래서 이 오래된 속담이 딱 들어맞는 것 같네. "아들은 장가가기 전까지만 아들이고, 딸은 평생 내 딸이다."[106]

▮ 나는 다시 친구들 곁에 머물며, 손주들이 정답게 모여 있는 사랑스러운 가족과 함께 지내고 있네. 다정하고 속 깊은 딸과 사위가 곁에서 나를 살뜰히 돌봐주고 있지.[107]

▮ 정든 프랑스를 떠날 때 아쉬움이 컸지만, 집으로 돌아오길 참 잘했다는 생각이 드네. 지금 나는 내 집, 나에게 꼭 맞는 자리에서 지내고 있지. 사랑하는 가족의 품 안에서, 딸과 손주들이 늘 곁을 지켜주고, 주위에는 예전부터 함께해온 친구들이나 그 자식들이 나를 여전히 따뜻하게 맞아주고 존중해주네. 같은 언어로 서로를 이해하며 마음을 나눌 수 있는 사람들이지.[108]

9. 프랭클린의 인간관계론

10.

인생에서
신앙이란

"굶주린 자에게 먹을 것을,
목마른 자에게 마실 것을,
헐벗은 자에게 입을 것을"

선악에
대하여

"악해서 금지된 것인가,
금지되었기에 악한 것인가?"

나는 행복한 삶에서 가장 중요한 것은 사람과 사람 사이의 진실함과 성실함, 그리고 정직함에 있다는 것을 점점 확신하게 되었다. 그래서 그런 삶을 살아가겠다는 다짐을 직접 글로 써두었고, 그 결심은 지금도 내 일기장에 남아 있다. 나는 살아 있는 동안 그 원칙을 실천하며 살고자 했다. 내게는 계시라는 것이 그 자체로 특별한 권위를 갖지는 않았다. 계시가 금했다고 나쁜 것이고, 명했다고 좋은 것이라고는 생각하지 않았다. 하지만 그 반대로, 어떤 행동을 금지한 것은 우리에게 해롭기 때문이고, 하도록 명한 것은 우리에게 이롭기 때문일 수 있다는 생각은 품고 있었다. 모든 상황을 종합적으로 고려하면 그

호루라기에 너무 큰돈을 쓰지 마라

렇게 볼 수도 있겠다고 생각했다. 이런 생각과 함께, 하느님의 자비로운 손길이든, 보이지 않는 수호천사든, 우연히 주어진 좋은 환경이든, 또는 이 모든 것이 함께 작용한 덕분이든, 나는 위태로운 청년기를 잘 통과할 수 있었다. 아버지의 눈길과 충고로부터 멀리 떨어진 낯선 곳, 낯선 이들 사이에서 말이다. 그리고 신앙심이 부족한 이가 빠질 수도 있었던, 고의적인 중대한 악행이나 불의의 길에서도 벗어나 있을 수 있었다. 여기서 '고의적인'이라는 표현을 쓴 것은, 당시 내가 저지른 과오들이 어리고 세상 경험이 없어서, 그리고 다른 이들의 꼬임에 넘어가서 '어쩔 수 없이' 저지른 것들이었기 때문이다. 그래서 나는 비교적 괜찮은 평판을 갖고 사회생활을 시작할 수 있었다. 나는 그 가치를 소중히 여겼고 끝까지 지켜나가기로 결심했다.[109]

나는 장로교도로 자랐다. 그러나 신의 영원한 예정, 선택, 유기 같은 교리는 내게는 도무지 이해가 되지 않았고, 다른 교리들 역시 의심스러운 부분이 많았다. 그래서 나는 일찍부터 해당 교파의 공예배에는 참석하지 않게 되었다. 대신 일요일은 내게 공부하는 날이었다. 그렇다고 해서 나에게 종교적 신념이 전혀 없었던 것은 아니었다. 예컨대 나는 하느님이 존재하고, 세상을 창조했으며 섭리로 세상을 다스린다는 것, 하느님이 가장 기뻐하시는 예배는 사람에게 선을 베푸는 일이라는 것, 영혼은 불멸하고, 현세에서든 내세에서든 선한 행위는 보상을, 악한 행위는 벌을 받는다는 사실을 조금도 의심하지 않았다. 나는 이것이 모든 종교의 핵심이라고 믿었고, 실제로 이 나라에 존재하는 모든 종교에서 이런 요소들을 발견할 수 있었기 때문에 모든 종교를 존중했다. 물론 존중의 정도는 종교마다 달랐다. 덕성을 북돋우지도, 굳건하게 하지도 못하면서, 사람들 사이에 분열과 불친절만을 불러일으키는 다른 신념들이 많은 종교에 섞여 있다는 것도 보았기 때문이다. 나는 모든 종교를 일정 부분 긍정적으로 보았고, 최악의 종교라 해도 어느 정도 유익한 면이 있다고 생각했기 때문에, 타인의 종교를 조롱하는 식의 논쟁은 피할 수 있었다. 그리고 식민지 인구가 늘면서 새로운 예배당이 지속적으로 필요해지고, 대체로 자발적인 헌금으로 지어질 때, 그 교파가 어디이든 나는 그러한 목적이라면 항상 기꺼이 기부금을 보냈다.[110]

[준토를 위한 강연 원고에서] 이번에는 지난 대화에서 다뤘던 세상을 다스리는 신의 섭리에 대해 이야기해보려 합니다. 먼저, 하느님이 존재하시며 세상을 창조하셨다는 사실부터 살펴보겠습니다. 이런 말이 혹시 여러분의 지적 수준을 무시하는 것처럼 들릴지도 모르겠군요. 인류 역사에서 거의 이의가 없었던 주제를 굳이 설명하려 한다는 점에서 그렇습니다. 그래서 이 주제는 넘어가고자 합니다. 다음으로는, 하느님께서 창조하신 만물 속에서 드러나는 놀라운 질서와 조화를 통해 그분이 무한한 지혜를 지닌 존재임이 분명하다는 사실을 이야기해보겠습니다. 하늘에 떠 있는 별과 행성, 그 놀랍도록 규칙적인

호루라기에 너무 큰돈을 쓰지 마라

움직임을 떠올려보십시오. 지구 역시 다양한 요소들이 정밀하게 조화를 이루며 작동하고 있습니다. 이 모든 것을 주의 깊게 바라보고 숙고해본다면, 누구든 놀라움과 감탄으로 숨을 삼키게 될 겁니다. 지구 위의 무수한 생명체들은 각각 독특한 구조를 지니고 있습니다. 그럼에도 땅이든, 하늘이든, 물이든 자신이 놓인 환경과 삶의 방식에 정확하게 적응하고 있지요. 그 정교함은 인간의 가장 날카로운 이성으로도 흠을 찾아내기 어려울 정도입니다. 그리고 어떤 방식이 더 나았을 거라는 말도 감히 하기 어렵지요.

하느님이 선하신 분이라는 점은, 그분이 수많은 생물에게 생명을 부여하셨다는 사실에서 드러납니다. 모든 생물이 생명을 놓치지 않으려 애쓰는 것을 보면, 그 생명이 축복이라는 사실을 그들 스스로도 알고 있는 것처럼 느껴집니다. 또한 하느님의 선하심은, 생명에게 풍부한 양식을 제공하시고, 가장 필요한 것들을 가장 흔하게 만들어주셨다는 점에서도 나타납니다. 예를 들어, 물은 거의 모든 생물이 마셔야 하고, 공기는 생존에 필수적이며, 햇빛은 헤아릴 수 없는 혜택을 줍니다. 그런데 우리는 이 모든 것을 쉽게 얻을 수 있습니다. 인간에게는 곡물처럼 가장 유용한 식물, 철과 같은 쓸모 많은 금속, 말과 소, 양처럼 우리 삶에 큰 도움을 주는 가축도 주어졌습니다. 이들 대부분은 대량으로 기르거나 쉽게 얻을 수 있게 되어 있습니다. 이 모든 사실을 하나하나 곱씹어보면, 우리는 자연스레 하느님께 깊은 사랑과 감사를 느끼게 됩니다.

하느님이 전능하신 분이라는 사실은, 그분께서 이 지구와 태양, 무수한 별과 행성처럼 거대한 물질을 만들어내고 구성하며, 그것들에 놀라운 운동성을 부여하셨다는 데서 확인할 수 있습니다. 그 모든 움직임은 최대 속도로 진행되면서도 정해진 범위를 벗어나지 않으며, 서로 충돌해 파괴되는 일도 없습니다. 우리가 하느님의 무한한 지식과 지혜를 믿는다면, 그분의 능력을 짐작하는 것은 어렵지 않습니다. 우리처럼 약하고 어리석은 존재조차, 몇 가지 원리만 알면 놀라운 결과를 만들어낼 수 있지 않습니까? 예컨대 질산칼륨과 소금의 성질만 알아도 가장 단단한 철을 녹일 수 있는 '용액'을 만들 수 있고, 여기에 다른 재료 하나를 더하면 가장 단단한 물질도 '액체'로 만들 수 있습니다. 초석과 황, 숯의 특성을 알기만 해도, 이 평범한 재료들을 혼합해 대기를 뒤흔들고 멀리 떨어진 배와 집, 사람을 파괴하며, 도시를 날려버리고, 바위를 산산조각 내고, 심지어 높은 산을 무너뜨리는 힘을 얻을 수 있습니다. 그렇다면 우주 만물의 성질을 모두 알고, 원한다면 그에 더해 전혀 새로운 성질까지도 창조해낼 수 있는 분은, 과연 어떤 어마어마한 힘을 지니고 계실까요?[111]

호루라기에 너무 큰돈을 쓰지 마라

신의 영역을 생각해보다

신의 섭리에 대하여

［동일한 강연 원고에서］우리가 '하느님'이라 부르는 전지전능하고 선하신 존재가 태초에 세상을 창조하셨다는 것을 받아들인다면, 지금 존재하는 만물의 상태는 다음 네 가지 중 하나에 해당하게 됩니다.

1. 하느님은 만물의 모든 변화를 미리 정하시고, 자연의 흐름에 따라 생겨나는 일은 아무것도 남겨두지 않으신다. 즉 모든 생명체에게 자유 의지를 허락하지 않으신다.
2. 하느님은 아무것도 미리 정하지 않으시고, 모든 것을 자연의 일반적인 법칙과 그 피조물의 자유 의지에 맡기신 채 결코 개입하지 않으신다.

3. 하느님은 어떤 것은 정해두시고, 어떤 것은 피조물의 본성과 자유 의지에 맡기시되, 그 이후로는 일절 개입하지 않으신다.

4. 하느님은 때때로 특별한 섭리로 개입하시고, 자연의 법칙이나 자유 의지로 인해 생겼을 결과를 무효로 돌리신다.

저는 첫 번째부터 세 번째까지의 가정이 보편적인 이성과 모순되며, 네 번째 가정이 이성과 가장 부합하기 때문에 진실일 가능성이 가장 높다는 점을 증명해보이려 합니다.

우선, 하느님이 태초에 만물의 모든 변화를 미리 정해놓으시고 자유 의지에는 아무것도 남겨두지 않으셨다고 한다면, 필연적으로 다음과 같은 이상한 결론에 도달하게 됩니다. 첫째, 하느님은 더 이상 하느님이 아니게 됩니다. 물론, 모든 것을 정해놓기 전에는 전능하셨습니다. 그러나 일단 만물의 모든 작용과 변화를 미리 정해놓으셨다면, 하느님은 더 이상 어떤 일에도 관여할 수 없으며, 아무런 능력도 행사하지 못하게 됩니다. 할 일을 모두 마치고 더는 손쓸 일이 없어진 셈이지요. 그 경우, 하느님은 나무나 돌로 만든 우상보다 나을 것이 없는 존재가 되어버립니다. 그렇다면 하느님께 기도하거나 경배를 드릴 이유도 사라집니다. 아무리 간절히 기도하고 섬겨도 결과에 어떤 변화도 없을 테니까요. 둘째, 이 가정은 하느님이 지혜롭고 선하신 분이라는 개념과도 정면으로 충돌합니다. 예컨대, 하느님께서 창조하신 피조물들, 곧 자녀들 중 일부는 다른 존재들에게 온갖 해를 끼치고, 아무런 정당한 이유 없이 악행을 저지를 수 있습니다. 그들 중 일부는 심지어 자신을 창조하신 하느님을 가장 모욕적인 방식으로 비방할지 모릅니다. 그런데도 하느님은 인류의 운명을 이미 결정해놓으셨기 때문에, 그 어떤 은혜도 내릴 수 없고, 그 어떤 기도도 무의미하게 됩니다. 그런데도 하느님은 온 인류에게, 모든 시대를 막론하고, 때로는 혼자서, 때로는 모여서 자신에게 진심으로 기도하라고 명하신 것입니다. 그렇다면 왜 하느님은 인간에게 기도하라고 명하셨을까요? 그런 기도들이 하느님께 어떤 예배도 되지 않으며, 결과에도 아무런 영향을 주지 못하는데 말입니다. 만일 이런 존재가 이 세상을 창조한 하느님이라면, 나무나 돌로 된 신이 세상을 만들었다고 믿는 것과 다를 바 없겠지요.

두 번째로, 하느님께서 아무것도 미리 정하지 않으시고, 모든 것을 피조물의 본성과 자유 의지에 맡겨두셔서 어떠한 개입이나 변화도 없다고 한다면, 우리는 다음과 같은 결론에 도달하게 됩니다. 그 경우, 하느님은 자신이 창조하신 피조물로부터 자신의 존재를 완전히 숨기고 계시며, 자연적인 일이든 도덕적인 일이든 그 어떤 행위에도 관심을 두지 않으시는 셈이 됩니다. 그렇다면 하느님은 단지 모든 것을 방관하는 존재일 뿐입니다. 하느님께서 자신이 창조한 이 찬란하고 아름다운 우주를 그렇게 무관심하게 방치하신다고는 도저히 믿을 수 없습니다. 이런 가정하에 상상해봅시다. 하느님은 지금, 어떤 고귀한 사람들이 남을 돕기 위해 헌신적으로 애쓰는 모습을 보고 계십니다. 그런데 하느님의 반응은 이렇습니다. "그 수고에 대한 보상은 운에 맡기거라. 나는 그 일에 간섭하지 않겠다." 다른 한편에서는, 어떤 이들이 계속해서 악행을 저지르고, 그로 인해 온 인류가 고통받고 파멸에 이르게 되는 모습을 하느님은 묵묵히 바라보실 뿐입니다. 그리고 이렇게 말씀하시지요. "네가 운 좋게 보상을 받는 일이 있더라도, 나는 벌하지 않겠다. 나와는 상관없는 일이다." 정의롭고 선하며 자비로운 이들이 잔혹한 폭군에게 짓밟히고 있을 때, 이들은 절망 속에서 하느님께 기도합니다. "오, 하느님. 저희를 구하실 수 있는 힘이 있으시다면, 제발 저희를 도와주소서!" 그런데 하느님은 이렇게 응답하시는 셈입니다. "나는 그럴 수 없다. 나와는 아무 상관없는 일이다. 나는 관심이 없다." 과연 지혜롭고 선한 존재가 이처럼 방관자적인 태도를 보이리라고 상상이나 할 수 있을까요? 만일 그렇다면, 하느님은 아무것도 하지 않고 가만히 있는 나태하고 무기력한 존재일 뿐이며, 그 지혜도, 선함도, 능력도 모두 무용지물이 되어버립니다.

세 번째 가정은, 하느님께서 어떤 일은 정해놓고, 어떤 일은 자연의 흐름이나 피조물의 자유 의지에 맡기셨으며, 이후로는 절대 개입하거나 변화시키지 않는다는 주장입니다. 그러나 이 가정 역시, 감히 말하자면, 하느님을 하느님이 아니게 합니다. 하느님은 우리에게 아무런 선도 악도 가져다줄 수 없으며, 어떤 영향도 미치지 못하는 존재가 됩니다. 결국 하느님은 생명 없는 형상에 불과하게 되며, 이교도의 신인 다곤이나 바알 또는 외경의 '벨과 용'과 다를 바 없는 존재가 되는 것이지요. 게다가 이 가정도 앞선 두 가정과 마찬가지로 하느님의 전지전능함, 지혜, 선하심과 정면으로 배치됩니다. 하느님은 모든 것을 하실 수 있고, 가장 지혜롭게 행동하시며, 반드시 가장 선한 길을 택하시는 분입니다. 그런데 그런 분이 아무 일도 하지 않고, 세상일에 전혀 개입하지 않는다면, 만물 중 가장 무기력한 존재가 되고 마는 것입니다. 이처럼 모순된 전제를 곰곰이 생각하거나 스쳐보기만 해도, 인간의 이성과 지성에 대한 중대한 모독이라는 것을 알 수 있으며, 결코 받아들일 수 없는 궤변이 아닐 수 없습니다.

그러므로 우리는 필연적으로 네 번째 가정에 다다를 수밖에 없습니다. 즉 하느님은 때로 특별한 섭리로 직접 개입하시고, 자연의 흐름이나 인간의 자유 의지에 의한 결과를 무효로 만드신다는 사실입니다. 이 가정이야말로 우리가 알고 있는 하느님의 성품과 완벽하게 들어맞으며, 이성적으로도 가장 타당한 설명입니다.

물론 여러분 가운데는 생명체에게 '자유 의지'가 정말 존재하는지 의문을 품는 사람도 있을 겁니다. 그 점은 간략하게 짚고 넘어가야겠습니다. 여러분은 하느님께서 전지전능하시고 선하신 분이며, 자유 의지를 가진 존재임을 인정하실 겁니다. 또한 하느님께서 자신의 지혜와 능력, 선함의 일부를 우리에게 나눠주셨다는 것도 부정하지 않으시겠지요. 그렇다면, 하느님께서 자신의 '자유' 또한 일부 우리에게 주셨을 가능성은 왜 부정하십니까? 이것이 불가능하다는 어떤 타당한 이유라도 있다면 듣고 싶습니다. 내 생각에, 이것이 '불가능하다'고 증명할 수 있는 사람은 없을 겁니다. 물론 인간이 어느 정도 자유로운 존재이며, 자신의 행동에 책임을 진다는 것을 완전히 입증하려면 훨씬 더 많은 설명이 필요할 겁니다. 하지만 이 부분은 기회가 된다면 다음 강연에서 다뤄보도록 하겠습니다.

마지막으로, 하느님께서 때때로 섭리로 개입하지 않으신다면, 그 이유는 두 가지 중 하나일 수밖에 없습니다. 하나는 하느님께서 그럴 수 없기 때문이고, 또 하나는 그럴 의지가 없기 때문입니다. 이 둘 중 어느 쪽을 택하시겠습니까? 가령, 한 의로운 민족이 잔혹한 폭군의 지배 아래 고통받고 있다고 합시다. 그들은 하느님께 자신들을 구해달라고 간절히 호소합니다. 그런데 하느님이 그럴 수 없다고 한다면, 여러분은 처음에 인정했던 그분의 전능함을 부정하는 셈이고, 그럴 의지가 없다고 한다면, 그분의 무한한 선하심을 정면으로 부정하는 것입니다. 결국 우리는 하느님의 섭리를 믿는 것이 매우 합리적이라는 결론에 이를 수밖에 없습니다. 그렇게 믿지 않는 것이 오히려 모순이기 때문입니다.

그러니 하느님의 섭리를 믿는 것은 모든 참된 종교의 기초입니다. 우리는 그분의 선하심을 사랑하고 경외해야 하며, 그분의 은혜에 감사하고 지혜를 찬미해야 합니다. 또 그분의 전능함을 두려워하고, 은혜와 보호를 간구해야 합니다. 그리고 이러한 신앙은 우리의 행동을 강력하게 규제해주고, 우리 마음을 평온하고 안정되게 하며, 우리가 타인에게 관대하고 이로운 존재가 되도록 이끌어줄 것입니다.[112]

호루라기에 너무 큰돈을 쓰지 마라

1787년,
헌법제정회의에서의
연설

**"신의 통치하심을
기억하라"**

[1787년, 신생 공화국 미국은 중대한 위기에 처해 있었다. 독립 전쟁 중 식민지를 하나로 묶었던 연합규약은 더 이상 유효하지 않았고, 이를 개정하기 위해 각 주 대표들이 필라델피아에 모였다. 그러나 의견 충돌로 회의는 난항을 겪었고, 6월 말엔 결렬 위기에 놓였다. 이때 프랭클린은 생애 가장 영향력 있는 연설을 했다. 비록 그의 제안은 채택되지 않았지만, 그 발언은 회의의 흐름을 바꾸는 전환점이 되었다] 의장님, 지난 4~5주 동안 우리는 함께 붙어 앉아 회의를 거듭했지만 별다른 진전을 이루지 못했습니다. 여전히 논쟁은 반복되고 의견 차이로 찬반이 팽팽하게 맞서는 이 상황은, 안타깝게도 인간 지성의 한계를 보

여주는 증거라고 생각합니다. 사실상, 우리는 우리의 정치적 지혜가 부족하다는 점을 절감하고 있으며, 그 지혜를 찾아 이리저리 헤매고 있지요. 적절한 정부 형태를 찾기 위해 고대사까지 거슬러 올라가보았고, 처음부터 붕괴의 원인을 안고 있었기에 지금은 사라진 여러 형태의 공화국도 검토했습니다. 또한 유럽의 여러 근대 국가들을 살펴보았지만, 어느 체제도 우리 현실에 알맞은 답은 아니었습니다.

　　이 의회는 마치 어둠 속에서 길을 더듬듯, 정치적 진리를 찾아 헤매고 있는 셈입니다. 그런데 설령 그 진리가 우리 앞에 나타난다 하더라도 우리는 그것을 알아보지 못할 수도 있습니다. 그런데도 우리는 지금까지, 빛의 아버지이신 하느님께 이 중대한 문제를 두고 겸허히 도움을 구하지 않았습니다. 왜 그런 것입니까, 의장님. 영국과의 전쟁이 시작되던 무렵, 우리는 이곳에서 매일 하느님의 도우심을 간구하며 기도했습니다. 그리고 그 기도는 응답받았습니다. 그 싸움에 참여한 모든 사람은 하느님의 섭리가 여러 번 우리 편에 서주었음을 분명히 목격했을 것입니다. 바로 그 섭리 덕분에 우리는 지금 조국의 미래와 행복을 위한 헌법을 평화롭게 논의할 수 있는 이 자리에 모일 수 있었던 것입니다. 그런데 지금 우리는, 그 강력하고 자애로운 친구를 잊어버린 것입니까? 아니면 이제는 더 이상 그분의 도움이 필요하지 않다고 생각하는 것입니까? 의장님, 저는 오래 살아왔고, 나이를 먹을수록 하느님께서 인간사의 중심에 계시다는 증거를 더 많이 보게 됩니다. 참새 한 마리도 하느님이 허락하지 않으시면

호루라기에 너무 큰돈을 쓰지 마라

땅에 떨어지지 않을진대 그분의 도우심 없이 한 나라가 일어설 수 있다는 게 과연 말이 되는 일일까요? 성경은 이렇게 말합니다. "주께서 집을 세우지 않으시면, 세우는 자들의 수고가 헛되다." 저는 이 말씀을 굳게 믿고 있습니다. 그리고 하느님의 도움이 없다면 우리가 세우려는 이 정치체제 역시 바벨탑처럼 무너지고 말 것입니다. 우리가 사소하고 편협한 이해관계 때문에 분열되고, 그 결과 체제의 구축에 실패한다면 우리는 후세들에게 조롱과 수치의 대상이 될 것입니다. 그리고 인류는 이 실패한 사례를 보며, 인간의 지혜로는 제대로 된 정부를 세울 수 없다고 체념하고, 오직 운명이나 전쟁, 정복에 의존하게 될지도 모릅니다.

그러므로 저는 제안합니다.

앞으로는 이 회의를 시작하기에 앞서, 매일 아침 하늘의 인도와 은혜를 구하는 기도를 함께 올립시다. 그리고 이 도시의 성직자들이 예배를 인도해주시기를 요청드립니다.[113]

종교의 이름으로
자행되는
패악질

랭커스터 카운티
대학살에 관하여

〔1763년 12월 14일, 펜실베이니아 랭커스터의 코네스토고 인디언 마을이 무장한 백인 57명에게 습격당했다. 이들은 전쟁과 무관한 평화로운 부족이었고, 프랭클린은 그들의 이름과 나이를 모두 알 정도로 가까운 사이였다. 공격으로 노인과 여성, 어린이 등 6명이 살해되었고, 생존자 14명은 보호 차원에서 노역장에 수용되었다. 그러나 같은 백인 무리 중 50명이 크리스마스가 지난 12월 27일 다시 돌아와, 남아 있던 생존자 전원을 잔혹하게 살해했다. 가해자들은 마치 전쟁에서 승리한 듯 함성을 지르며 거리낌 없이 거리를 활보했다. 이에 분노한 프랭클린은 이 참극을 고발하고, 살인자들의 체포와 처벌을 요구하는 글을 발

표했다. 이 글은 당시 식민지 사회의 편견과 야만성에 맞선 정의로운 목소리로 평가받는다) 이런 극악무도하고 사악한 행동을 두고도, 어떤 사람들은 "국경 지역 주민들은 인디언에게 가족을 잃고 격분하고 있다"고 변명한다(나는 이런 말을 들을 때마다 수치스럽다). 그런 감정은 이해할 수 있다. 하지만 이 변명이, 숲속에서 범인을 찾아 복수하는 것은 혹시 정당화할 수 있을지 몰라도, 그들의 중심 마을에 들어가 무고한 사람들까지 공격한 것을 정당화할 수는 없다.

어떤 인디언이 내게 해를 끼쳤다고 해서, 모든 인디언에게 복수할 자격이 생기는가? 인디언 역시 백인처럼 다양한 종족과 언어, 풍습을 지닌 민족이라는 사실은 널리 알려져 있다. 유럽에서 프랑스인이 네덜란드인을 다치게 했다고 해서, 네덜란드인이 (프랑스인과 같은 백인이라고 해서) 영국인에게 복수하는 것이 정당한가? 이 불쌍한 이들의 죄라면 단지 피부색이 갈색이고, 머리카락이 검으며, 그들과 비슷한 누군가가 우리 가족을 해쳤을지도 모른다는 것뿐이다. 이런 이유로 사람을 죽여도 된다면, 붉은 머리카락과 주근깨를 가진 남자가 내 아내나 자식을 해치면 나는 앞으로 머리카락이 붉고 주근깨가 있는 남자, 여자, 아이들을 모두 죽여야 할 것이다.

이들은 심지어 자기 행동이 하느님의 뜻에 부합한다고 생각한다. 성경을 손에 들고 읊으면서도 "살인하지 말라"는 계명은 무시하고, 《여호수아》에 나오는 이방인 말살 명령을 근거로 자신들의 살인을 정당화한다. 이는 성경과 종교에 대한 끔찍한 왜곡이며, 평화와 사랑의 하느님을 모독하는 가장 큰 죄악이다. 여호수아의 명령을 받았던 유대인조차도, 맺은 약속을 근거로 기브온 주민을 해치지 않았다. 우리 정부도 인디언들과 여러 차례 약속을 맺어왔지만, 정부를 무시하는 자들에게 그런 약속은 아무 소용이 없었다.

우리는 기독교도 행세를 하면서 이교도, 튀르크인, 이슬람교도, 흑인, 인디언들보다 더 사리 분별을 잘하고 옳은 행동을 한다는 우월감에 빠져 있다. 나는 역사에서 찾아볼 수 있는 몇 가지 사례를 통해, 이방인들이 포로나 약자 등 타인에게 어떤 도덕적 태도를 보였는지를 소개하고자 한다.

[비기독교인들이 이방인이나 무력한 자들, 포로들을 보호한 사례를 든 후] 아, 이 끔찍한 악행을 저지른 자들이여! 그대들이 조국에 끼친 해악, 종교와 성경에 드리운 수치, 가족과 자녀들에게 남긴 불명예를 잠시라도 생각해보라. 지금 인디언의 포로로 잡혀 있는 우리의 동포들이 그대들의 만행에 대한 복수로 죽임을 당할 수 있다는 점을 떠올려보라. 지금까지 우호적이었던 인디언 부족들이 이제는 살해된 동족의 원수로 우리를 바라보게 될지도 모른다는 점을 생각해보라. 그대들이 우롱한 자비롭고 관대한 정부를, 그대들이 배반한 국왕과 국가, 그리고 하느님의 율법을 떠올려보라. 그대들은 무고한 이들의 피로 손을 더럽혔다. 그 피를 무엇으로 씻을 것인가? 죽어간 이들의 절규와 신음이, 앞으로도 그대들의 귀에 메아리칠 것이다. 그들의 원

호루라기에 너무 큰돈을 쓰지 마라

혼은 그대들을 따라다닐 것이며, 죄없는 그대들의 아이들까지도 두려워 떨게 할 것이다. 어디로 달아나든, 양심이 그대들을 괴롭힐 것이다. 잠꼬대가 그대들의 죄를 폭로할 것이고, 흥분 속에서 내뱉는 헛소리가 그대들의 사악함을 스스로 드러낼 것이다.[114]

살아 있는 동안,
할 수 있을 때

"좋은 씨를
뿌립시다"

▋ [죽음을 앞두고, 영국의 한 친구에게] 좋은 씨앗은, 비록 여건이 완벽
하지 않더라도 뿌릴 수 있을 때 뿌려야 하네. 그리고 더는 할 수 있는
일이 없다면, 자연이 싹을 틔울 때까지 인내심을 갖고 기다려야 하
지. 어떤 씨앗은 오랫동안 땅속에 잠들어 있다가, 마침내 알맞은 때
와 환경이 되면 푸른 싹을 틔우고 풍성한 열매를 맺는다네.[115]

▋ [실험에 실패한 일로 비난을 받고 있던 친구에게] 사심 없이 인류를
위해 힘쓰는 사람은 자신의 그런 노력이 오히려 적을 만들 수도 있다
는 것을 좀처럼 상상하지 못하네. 하지만 세상에는 유익한 일을 한

호루라기에 너무 큰돈을 쓰지 마라

다 해도 남이 두각을 보이는 걸 시샘하는 사람들이 있네. 그는 아무런 이득도 바라지 않고, 오직 남을 돕겠다는 선한 뜻만 품고 있건만, 그런 이들은 끝내 그조차 빼앗으려 하지. 먼저 그의 실험이 잘못되었다고 우기고, 그 결과가 무의미하다고 깎아내리네. 그마저도 통하지 않으면, 이젠 그 공이 애초에 그의 것이 아니었다며 엉뚱한 사람에게 돌리려 들어. 가까운 이웃이나 친구에게 공이 돌아가는 걸 견딜 수 없어서 차라리 3000년 전 사람이든 바다 건너 먼 나라의 누구든 내세우지.

그래도 계속하게. 절대 낙심하지 말게. 자네보다 먼저 이런 대접을 받은 이들도 있었고, 앞으로도 또 생길 걸세. 누가 뭐라 하든, 사람들에게 선을 베푸는 일은 언제나 가치가 있네. 또 나중에 떠올려 보면 스스로도 만족스러울 걸세.[116]

하느님은 여러모로 우리 두 사람에게 참으로 친절하신 분이오. 감사와 기쁨으로 그분의 은혜를 누립시다. 그리고 그분께 직접 보답할 길이 없으니, 다른 이들에게 선을 베풀며 우리가 하느님께 감사드리고 있음을 보여드립시다. 다만 우리의 선의를 저들이 어떻게 받아들이든 신경 쓰지 맙시다. 그들이 때때로 우리의 적이 된다 해도, 결국은 그들 또한 하느님의 자녀들이니 말이오. 이 세상에서의 우정은 변할 수 있고, 불확실하며, 덧없지만, 하느님의 은혜는 영원한 유산이오.

당신을 영원히 사랑하는 남편이.[117]

▌〔자신의 비서로 지원했던 어느 남자에게〕 15일 자 편지와 함께 동봉된 청원서는 잘 받았습니다. 편지에 적힌 귀하의 사정을 읽고 안타까운 마음이 들었습니다. 여기에 10루이도르*에 해당하는 돈을 함께 보냅니다. 이 정도의 액수를 그냥 드리는 척할 수는 없습니다. 그러니 어디까지나 빌려드리는 것이라 생각해주십시오. 귀하는 성실한 분이니, 귀국하시면 분명 무슨 일이든 시작하실 테고 조만간 빚도 모두 갚으실 수 있으리라 믿습니다. 그때가 되면, 제게 직접 갚기보다는 귀하처럼 곤경에 처한 정직한 사람을 만났을 때 이 돈을 빌려주십시오. 그리고 그에게도, 형편이 나아지면 다른 이에게 같은 방식으로 빚을 갚게 해주십시오. 이것은 적은 돈으로 선행을 많이 하려는 저만의 책략입니다. 이 돈이 언젠가 그 여정을 막아버릴 파렴치한의 손에 들어가기 전까지는, 가능한 많은 사람에게 이로운 손길이 되기를 바랄 뿐입니다.

저는 선행에 많은 돈을 쓸 수 있을 만큼 부유하지 않다 보니 적은 돈으로도 최대한 효과를 내게 하려면 이렇게 꾀를 좀 부려야 합니다.[118]

---

* 프랑스 대혁명 때까지 통용된 프랑스의 금화. 1루이도르=20프랑.

호루라기에 너무 큰돈을 쓰지 마라

프랭클린 난로의
특허권을
거부하며

**"우리도 누군가의
발명품 덕분에
많은 이익을
누리고 있습니다"**

1742년, 나는 실내를 보다 효율적으로 따뜻하게 하면서 연료도 절약할 수 있는 개방형 난로를 고안했는데, 이는 외부에서 유입되는 찬 공기가 실내로 들어오기 전에 미리 데워지는 구조였다. 나는 이 프랭클린 난로의 시제품을 젊은 시절의 친구였던 로버트 그레이스에게 선물했다. 그는 철 주조소를 운영하고 있었는데, 이 난로에 쓰이는 철판을 주조하면 수익성이 있겠다고 생각했다. 난로의 수요가 점점 커지고 있었기 때문이다. 그 수요를 더욱 촉진하기 위해 나는 '신개발 펜실베이니아 난로—그 구조와 작동 방식에 대한 상세한 설명, 기존 난방 방식보다 뛰어난 점 입증, 제기된 반론에 대한 반박과 해명'

10. 인생에서 신앙이란

이라는 제목의 소책자를 집필해 출간했다. 효과는 좋았다. 당시 토머스 주지사는 이 난로의 구조를 매우 인상 깊게 여겨, 일정 기간 동안 이 난로의 독점 판매 특허를 주겠다고 제안했다. 그러나 나는 정중히 거절했다. 이유는 지금껏 내가 지켜온 원칙 때문이었다. "우리는 다른 사람들의 발명으로 수많은 이익을 누려왔다. 그렇다면 우리 자신의 발명으로 남을 도울 기회가 왔을 때, 우리는 그것을 기꺼이, 그리고 아낌없이 베풀어야 한다."

그런데 런던의 한 철물상은 내 소책자의 상당 부분을 자기 저작물에 포함시켰고, 기계에 오히려 성능을 저해하는 수정을 가한 뒤 그곳에서 특허를 취득했다. 내가 들은 바에 따르면 꽤 많은 돈을 벌었다고 한다. 내 발명품으로 남이 특허를 낸 일은 이번이 처음이 아니다. 물론 항상 성공했던 것도 아니다. 하지만 나는 한 번도 이의를 제기한 적이 없었다. 애초에 특허로 수익을 낼 의도도 없었고, 다툼 자체를 싫어했기 때문이다. 프랭클린 난로는 이 식민지와 인근 지역의 많은 가정에서 사용되었고, 지금도 널리 쓰이고 있다. 덕분에 주민들은 많은 양의 땔감을 절약할 수 있었다.[119]

호루라기에 너무 큰돈을 쓰지 마라

선행에
대하여

"선행은
호의를 베푸는 게 아니라
빚을 갚는 것입니다"

▌말씀하신 저의 친절에 대해서는, 그 행동이 선생님께 조금이나마 도움이 되었기를 바랍니다. 만약 그랬다면, 제가 바라는 감사의 표시는 선생님께서 앞으로 도움이 필요한 다른 사람을 도울 준비를 늘 갖추시고, 그렇게 친절을 널리 퍼뜨려주시는 것입니다. 인류는 결국 모두 한 가족이니까요.

제 경우, 저는 누군가를 도울 때 친절을 베푼다기보다는 빚을 갚는다고 생각합니다. 여행 중에도, 그리고 정착한 이후에도, 저는 많은 사람에게서 직접 보답할 길이 없는 친절을 받아왔고, 하느님께는 우리의 섬김을 훨씬 뛰어넘는 무수한 은혜를 받아왔습니다. 그러니 저는 그 받은 친절을 같은 인간들에게 되돌려주는 것일 뿐이고, 하느님의 은혜에 보답하는 유일한 방법은 그분의 자녀인 형제자매들을 기꺼이 돕는 것이라 믿습니다. 저는 매주 되풀이되는 감사의 말과 찬송만으로는 하느님에 대한, 그리고 이웃에 대한 우리의 진정한 의무를 다할 수 없다고 생각합니다.

선행에 대한 이런 제 생각을 보셨다면, 아마 선생님께서는 제가 (선생님도 그러하시듯) 선행을 통해 천국에 갈 수 있으리라는 기대는 전혀 하지 않는다는 것을 짐작하실 수 있을 겁니다. 우리는 천국이 무한하고 영원한 행복이 이어지는 곳이라 믿습니다. 그렇다면 제가 무슨 일을 했다고 그런 엄청난 보상을 요구하겠습니까? 목마른 이에게 물 한 컵을 주고 풍년을 기대하는 것도 과한 바람일지 모르는데, 하물며 지상에서의 작은 선행 하나로 천국을 기대하는 것은 지나친 욕심일 것입니다. 우리가 이 세상에서 누리는 작은 기쁨조차도 우리가 잘해서가 아니라, 하느님이 선하시기 때문이 아니겠습니까? 저는 제가 천국에 갈 자격이 있다는 자만도, 천국에 갈 수 있으리라는 헛된 기대도, 천국에 가기를 바라는 야망도 품고 있지 않습니다. 그저 지금까지 저를 지켜주시고 복 주신 하느님의 뜻과 섭리에 따르며 만족할 따름입니다. 저는 그저 하느님께서 자비로운 아버지처럼 결코 저를 비참하게 두시지 않을 것이고, 어떤 고통이 닥치더라도 그것은 결국 제게 유익하리라고 믿을 뿐입니다.

선생님께서 말씀하신 믿음은 틀림없이 이 세상에 도움이 됩니다.

호루라기에 너무 큰돈을 쓰지 마라

저 역시 그 믿음이 폄하되기를 바라지 않으며, 누구의 믿음이든 깎아내리려 하지도 않을 것입니다. 다만, 저는 믿음이 보다 많은 참된 선행으로 이어지기를 바랄 뿐입니다. 친절하고 너그럽고 자비롭고 모두의 행복을 위한 선행 말입니다. 절기를 지키거나, 설교를 하거나 듣거나, 교회 의식을 거행하거나, 아첨과 찬사로 가득한 긴 기도를 드리는 것이 아니라 말입니다. 그런 기도는 때로 현명한 이들에게조차 경멸을 사는데, 하물며 하느님께는 어떻겠습니까. 하느님을 섬기는 일은 의무이며, 설교를 듣고 읽는 것은 그 의무를 수행하는 데 도움이 될 수 있습니다. 하지만 너무나 많은 사람들이 그러하듯, 듣고 읽는 데서 그친다면 그것은 마치 나무가 물을 흡수하고 잎을 내지만 결국 아무 열매도 맺지 못하는 것과 다름없습니다.

선생님의 위대한 주님이신 예수께서는 그런 겉치레나 신앙 고백보다 행함을 훨씬 더 중시하셨습니다. 그는 하느님의 말씀을 듣기만 하는 자보다 행하는 자를 더 높이 평가하셨습니다. 아버지를 따르지 않는 듯 보이지만 실제로는 그 명령을 따르는 아들을, 말로는 순종을 다짐하면서도 행하지 않는 아들보다 더 좋아하셨습니다. 이단으로 간주되던 자비로운 사마리아인을, 자비심 없는 성직자나 (거룩하다 여겨지던) 레위 사람들보다 더 귀하게 여기셨습니다. 예수께서는 굶주린 자에게 먹을 것을, 목마른 자에게 마실 것을, 헐벗은 자에게 입을 것을, 낯선 이에게 환대를, 병든 자에게 위로를 준 자들에게, 설령 그들이 하느님의 이름을 들어본 적이 없다 해도, 최후의 날에 선택받을 것이라 말씀하셨습니다. 반면, "주님, 주님"을 외치며 자기 믿음을 자랑하고, 심지어 기적까지 행했다는 이들이라도 선을 행하지 않았다면 그들은 선택받지 못할 것이라 하셨습니다. 예수님은 의인을 부르러 온 것이 아니라, 죄인을 불러 회개시키러 왔다고 말씀하셨습니다. 이는 곧, 그분의 시대에도 그분의 가르침이 필요하지 않을 정도로 선한 이들이 있다는, 그분 특유의 겸손한 생각을 내비친 말씀이 아닐까 합니다.[120]

호루라기에 너무 큰돈을 쓰지 마라

진정한
행복을 위한
프랭클린의 믿음

"영혼은
영원합니다"

[코네스토고 인디언 대학살 이후 20여 년 뒤, 프랭클린은 국경 지역에서 또다시 벌어진 무고한 인디언 학살에 깊은 슬픔을 느꼈다. 이번엔 모라비아 인디언들이 희생자였다. 그는 한 오랜 친구에게 이렇게 썼다] 자네가 M. 베르탱 장관에게 보낸, 변경 지역 주민들이 가엾은 모라비아 인디언들을 끔찍하게 학살한 사건에 대해 보고하는 그 편지는 아직까지도 내 마음에 깊은 고통과 분노를 안겨주고 있네. 그 잔혹한 사건에 대해 생각할수록 가슴이 무겁고 괴롭기만 하네. 하느님께서 이 세상에 계획하신 일들을 도무지 헤아릴 수 없고, 어찌하여 같은 인간이 이토록 잔인하게 타인을 죽이는 일이 허락되는지를 나는

이해하지 못하겠네. 물론 몇몇 인디언들이 잘못을 저질렀을 수도 있겠지. 하지만 그 아이들까지 죽음으로 갚아야 할 죄를 범했다고는 결코 생각할 수 없네. 미국인을 증오하고 살인을 즐기는 한 영국인이 있지. 그래 조지 왕이네. 그는 독일 출신의 살인자들을 고용해, 자신이 지휘하는 영국인 살인자들과 함께 수년간 거의 10만 명에 가까운 사람들을 학살하도록 한 인물이야. 그중에는 조지 왕보다 훨씬 더 유용한 재능과 미덕과 능력을 갖춘 이들이 많았다는 사실이 더욱 가슴 아프네. 그가 바로 이 야만인들에게 손도끼와 가죽 벗기는 칼을 쥐여 주고, 무방비 상태의 농부들을 습격하여 그들의 아내와 아이들까지 죽이도록 부추긴 자야. 심지어 그들이 벗겨온 머릿가죽에 값을 쳐 보상까지 했지. 미국의 공식 보고에 따르면, 지금껏 확보된 머릿가죽 수만도 이미 2000에 달한다 하네. 이 얼마나 소름 끼치는 일인가!

아마도 변경 지역 사람들은 그 인디언들의 잔혹한 행위에 격분해, 분별력을 잃고 '인디언이라면 모조리 죽여야 한다'는 식의 보복에 나선 것이겠지. 그래서 가엾은 모라비아 인디언들까지 희생된 이번 학살 또한, 그 자의 책임이라 할 수 있네. 그런데도 그는 여전히 살아서 세상의 온갖 좋은 것들을 향유하고, 아첨꾼들의 무리에 둘러싸여 있네. 그 아첨꾼들은 그를 최고의 군주라 칭송하며 그 양심의 입까지 틀어막았지. 이런 현실 앞에서, 믿기 어렵지만, 그래도 나는 하느님의 섭리를 포기할 수가 없네. 그 자가 쌓아올린 죄의 무게와 범위가 그토록 크건만 이 세상에서는 그에 걸맞은 벌을 줄 길이 없다는 사실을 곱씹을수록, 나는 한 가지 진리를 더욱 굳건히 믿게 된다네. 즉 이 세상에서 벌어지는 수많은 부정과 불의는 다음 세상에서 반드시 바로잡힐 것이며, 지금 우리 눈에는 잘못되어 보이는 모든 것들도 결국은 의로우신 하느님의 섭리 안에서 정당한 결말에 이르게 되리라는 확신 말일세. 친구여, 바로 그 믿음에서 위안을 얻도록 하세. 지금 이 어두운 시대에, 그것이야말로 우리에게 허락된 유일한 위로가 아니겠는가.

나는 조만간 미국 정부에 공식 서신을 보내, 살아남은 이 불행한 인디언들을 보호하고 지킬 수 있도록 강력하고 효과적인 조치를 촉구할 생각이네.

이 편지를 여기까지 쓰고 나서 필라델피아의 한 신문을 받았네. 자네가 말한 바로 그 사건을 좀 다르게 다루고 있더군. 몇 가지 정황과 변명을 제시하긴 했지만, 그 근거가 너무 빈약하고 궁색해 전혀 납득할 수가 없네. 그 신문을 이 편지에 동봉하니 함께 살펴보게. 진심 어린 존경을 담아, 영원히 변함없는 자네의 다정한 벗이.[121]

〔일흔아홉 무렵, 가까운 친구에게〕 자네도 알다시피, 나에게도 저세상에서는 지금보다 조금이라도 더 나은 존재이기를 바랄 만한 이유가 있네. 그리고 나는 그것을 진심으로 희망하고 있지. 자네가 인용한 시인이 그랬듯 나도 하느님을 신뢰하니까 말일세. 나는 그분의 행하심에서 지혜뿐 아니라 검약도 발견하네. 하느님께서는 분명 노동

과 물질을 아끼셨지. 다양한 생명체의 번식을 통해, 이미 창조한 세상을 식물과 동물로 채워 새로운 생명을 만들어내는 수고를 덜 수 있게 하셨고, 복합 물질이 해체되어 본래의 요소로 돌아가면 그것이 또 다른 복합 물질로 쓰일 수 있도록 하셔서, 굳이 새로운 물질을 창조할 필요도 없게 하셨지. 그래서 땅, 물, 공기, 그리고 아마도 불로 구성된 나무가 결국 분해되어 다시 땅과 물, 공기와 불로 돌아가는 것을 볼 때, 어떤 것도 소멸되지 않고 물 한 방울도 허투루 낭비되지 않는 것을 볼 때, 나는 영혼만이 예외적으로 소멸한다고는 믿을 수 없네. 지금 이 순간에도 존재하는 수많은 영혼들이 매일없이 허망하게 낭비되고 있다고는, 하느님께서 그런 일을 그냥 내버려두신다고는 도저히 생각할 수 없네. 그래서 나는 이 세상에 존재하는 나를 발견한 이상, 앞으로도 어떤 형태로든 계속 존재하게 될 거라 믿네. 인간의 삶이라는 게 온갖 불편과 어려움을 안고 있지만, 그래도 내 삶의 개정판이 나온다고 하면 마다하지 않을 걸세. 다만, 초판의 불완전함이 반복되지 않기를, 그 오탈자와 비문 같은 오류만큼은 바로잡히기를 바랄 뿐이네.[122]

[죽음을 맞기 3년 전인 1787년, 영국의 한 친구에게] 나는 자네와 함께 영국에서 보냈던 즐거운 시절을 종종 떠올리네. 자네와 나의 친구들이었던, 박식하고 재치 있던 그들은 이제 우리 곁을 떠나 영혼의 세계, 곧 저편의 다수에게로 갔지. 이제 그들은 여기 남겨진 우리 모두

호루라기에 너무 큰돈을 쓰지 마라

보다 더 많은 것을 알고 있을 걸세. 그렇게 생각하면 내겐 큰 위안이 되네. 우리는 다음 세상에서 영원한 생명을 얻을 것이고, 거기엔 지루할 틈 없이 새로운 무언가를 배워 나갈 수 있는 즐거움이 가득할 테니까. 지금 우리가 아는 것보다 모르는 것이 무한히 더 많다는 사실만 보아도 말일세. 아듀, 소중한 친구여. 어떤 세상에 있든, 나는 언제나 자네의 진심 어린 벗일세.[123]

11.

나이 듦에
대하여

"나이가 들수록,
인생은 (말이 아닌)
그 열매로 이야기한다"

누구나
빠르게
나이를 먹는다

"노인들을
너그럽게 대하면,
우리도 똑같은 대우를
받을 것입니다"

[누님을 걱정하며, 누이동생 제인에게 보낸 편지에서] '자기 방식대로 할 수 있는 것'은 노인들에게 가장 큰 삶의 위안 중 하나야. 그러니 그들의 친지들은 그 점을 존중해주어야 한다. 한 집에 오래 살다보면 그 집이 자연스럽게 몸에 배게 마련이다. 노인들은 거북이가 등껍질과 하나인 것처럼, 집과 밀접하게 연결되어 있다. 그런 이들을 억지로 떼어놓으면 십중팔구 죽게 될 것이다. 그러니 우리의 선량하고 연로한 누님이 더는 그 문제로 시달리지 않게 하자꾸나. 우리도 빠르게 나이를 먹고 있으니, 언젠가 우리 역시 그런 너그러움을 기대하게 될 것이야. 우리가 지금 노인들에게 그런 배려를 베풀면, 훗날 우리 차례에

호루라기에 너무 큰돈을 쓰지 마라

도 그만한 대우를 받을 자격이 생길 것이다.

　그리고 누님의 몇 안 되는 귀중품에 대해서는, 값이 너무 헐해 팔아봤자 큰 도움이 안 되니 그냥 두시겠다는 말씀이 옳은 듯하구나. 그 얼마 안 되는 돈을 다 쓰고 나면 그 물건들은 더 이상 누님께 아무 쓸모도 없을 테니까. 하지만 그것들을 상속받을지도 모른다는 기대가 누군가에게 생긴다면, 그는 누님을 더 친절히 보살피고, 더 각별하게 챙기며, 그 물건값의 열 배에 달하는 보탬이 될 수도 있다. 그렇다면 그 물건들은 가장 좋은 방식으로 쓰이는 셈일 것이다.

　누이는 여건이 되는 대로 자주 누님을 찾아가고, 지금의 상황에서 줄 수 있는 도움과 위로를 드렸으면 좋겠다. 노령에 병환과 가난까지 겹치면 그것만으로도 충분히 고통스럽다. 거기에 친구들과 가까운 친척들의 무관심과 소홀함까지 더해져서는 안 된다. 누님과 같은 처지에 있는 이들은 종종, 별다른 이유 없이도 사람들이 자신을 소외시키는 것이 아닌가 하는 의심을 품기 쉽다. 그러니 그들을 대할 때는 실제로 어떻게 하는지도 중요하지만, 그들에게 어떻게 비칠지도 함께 살펴야 한다.[124]

〔어느 젊은 친구에게〕 네가 불행한 상황에 처해 있고, 그에 대해 너는 아무 잘못이 없다는 것을 나는 잘 알고 있다. 진심으로 안타깝구나. 다만 네가 원하지 않았다면, 나는 조언할 생각을 하지 않았을 것이다. 타인이나 너 자신에 대한 어떤 의무에 있어서도, 너는 네 식견으

로 충분히 잘 헤쳐나갈 수 있다고 믿기 때문이다. 혹시라도 내가 네 의견과 다른 조언을 하더라도, 그것을 따르지 않았다고 해서 내가 비난할 것이라고는 생각하지 말거라. 나는 그저, 상황을 더 잘 아는 네가 더 적절한 결정을 내렸을 거라고 생각할 테니.

이제 상황을 다시 정리해보자. 네 말처럼, 그분은 너를 아끼시는 데다 오랫동안 함께했으니 네가 그 곁을 떠난다면 몹시 괴로워하실 거야. 그분의 성격이 좋다고 보긴 어렵지. 보통 그런 성격은 나이가 든다고 해서 쉽게 나아지지도 않아. 그분의 불행은 어쩌면 그 성격 때문일지도 모르겠구나. 잘못된 사고방식이 오래되면, 마치 육체가 굳듯 정신도 굳어서 이를 바로잡는 일은 사실 불가능에 가깝게 되지. 그래서 나도 너처럼 그분이 측은하게 느껴진다. 설령 그분이 경솔함으로 자초한 일이라 하더라도, 만약 심하게 앓게 된다면 너는 네 건강을 해치는 한이 있더라도 자식처럼 정성껏 돌보려 하겠지. 그렇다면 네 말처럼, 네 행복과 이득에 반하는 일일지라도 그분과 함께 지내는 것이 너의 도리일 수 있다. 하지만 그 행복과 이득은 어디까지나 지금 당장의 것이야. 네가 자신의 도리를 다했다는 깨달음에서 오는 기쁨과 만족감은 훨씬 크고 오래갈 것이다. 그리고 네가 그렇게 어려운 상황에서도 의무를 다한 것을 아는 이들은 언제나 너를 깊이 존경하게 될 거다.

그래서 나는 이렇게 조언할 수밖에 없구나. 초대받은 일정이 끝나는 대로 그분께 돌아가, 할 수 있는 만큼 그분의 남은 생이 평온하도록 도와드리거라. 그분을 위한 놀이거리를 마련해보거라. 받아들이신다면 다행이지만, 혹 거절하시더라도 인내심을 갖고 견뎌야 한다. 쉬운 일이 아님은 나도 안다. 하지만 너는 해낼 수 있을 것이다. 네가 순종적인 성격이라서가 아니라, 네 마음에 진실한 선의가 깃들어 있기 때문이다. 그리고 지금 네 사정을 아는 친구들이 있다면, 그들도 네가 하는 일을 도우며 그분이 사람들과 어울릴 수 있도록 힘써야 할 것이다. 그래야 너의 부담도 덜 수 있겠지.

나이 든 사람에게 가장 상처가 되는 건 자신이 무시당하고 있다는 느낌이란다. 그리고 나이 든 사람들은 그런 의심에 쉽게 사로잡히기 마련이지. 지난번 파티 때 내가 그분을 초대하려 했던 것도 그런 이유에서였단다. 네 어머니가 달가워하지 않으셔서 결국 내 제안은 받아들여지지 않았지만, 나는 네가 조금이라도 덜 힘들기를 바랐던 거야. 물론 그분이 계시면 우리가 마음껏 즐기지 못할 거라는 건 나도 알았지만 말이다.

결국, 도리에 어긋나는 어떤 것도 진정한 행복을 가져올 수 없단다. 마찬가지로 도리에 맞는 것이 끝내 보상을 받지 못할 리도 없단다. 이 세상을 다스리시는 하느님은 선한 분이시기 때문이다. 나는 하느님께서 너를 이끌어주시길 기도하겠다. 네가 겸손하게 도움을 구하고, 늘 그분의 뜻을 따를 준비가 되어 있다면, 하느님께서는 반드시 너를 인도해주실 것이다. 그럼 이만 줄이겠다, 내 소중한 친구여. 언제나 너를 진심으로 아끼는 벗이.[125]

11. 나이 듦에 대하여

상실의 시간
앞에서

"친구를 잃는 일은
오래 산 사람이 치러야 할
세금과 같습니다"

소중한 내 벗에게. 자네의 친절한 편지와 함께 동봉된 키티 쉬플리 양의 글을 잘 받았네. 훌륭하신 주교님의 부고를 듣게 되어 깊은 슬픔에 잠겼네. 내 친구들은 하나둘씩 세상을 떠나고, 나는 나이가 들고 병약해 더는 새로운 벗을 사귈 수 없네. 설령 내게 여전히 기력이 남아 있다 해도, 지금 세대에서는 그들과 견줄 만한 선량한 사람을 좀처럼 찾기 어렵겠지. 그러니 오래 살수록 나는 더욱 비참해질 수밖에 없을 걸세. 삶의 끝자락에 가까워질수록, 자연은 우리가 삶에서 마음을 떼도록 여러 방편을 마련해주지. 그중 가장 강력한 것이 바로 소중한 벗들의 죽음이라네.[126]

호루라기에 너무 큰돈을 쓰지 마라

▌ 선생님으로부터 소식을 들은 지 오래되었습니다. 선생님이 제게 베풀어주시곤 했던 지혜는 저희 일에 큰 도움이 되었습니다. 훌륭했던 친구 윈스롭 씨가 세상을 떠났다고 들었습니다. 그는 제가 뉴잉글랜드로 돌아가 남은 생을 보내고자 했던 이유 중 하나였습니다. 오래도록 그리워하던 소중한 벗이었지요. 이런 이별이 몇 번 더 이어진다면, 저는 제 조국에서도 이방인이 되고 말 것입니다. 친구를 잃는 것은, 오래 사는 이가 치러야 할 세금과 같습니다. 저는 그 세금이 참으로 무겁게 느껴집니다.[127]

▌ 내 오랜 친구여, 내가 이따금 편지를 쓰지 않으면 자네는 나를 완전히 잊어버릴지도 모르겠군. 나는 아직 살아 있고, 이제 일흔아홉이 되었지만 여전히 그 삶 속에서 얼마간의 즐거움을 누리고 있네. 하지만 나이가 들면서 너무 빠르게 쇠약해지는 것 같아. 이 몸이라는 건물은 고쳐야 할 곳이 너무 많아서, 머지않아 나의 주인은 차라리 이걸 허물고 새로 짓는 게 더 싸게 먹히겠다고 생각하실지 모르겠네. 나는 그 날이 오기 전에 자네를 한번 보고 싶네. 그러나 그것이 가능할지 의문이 들기 시작하네.[128]

▌ 내 건강을 염려해주니 고맙구나. 하지만 요즘은 자랑할 만한 게 별로 없네. 오래 사는 이가 인생의 잔을 끝까지 비우려면, 그 바닥에 고인 씁쓸한 찌꺼기를 맛보게 되는 것도 각오해야 하지. 그래도 인간의 몸

이 걸릴 수 있는 수많은 무서운 병을 생각해보면, 내가 앓고 있는 불치병이 통풍, 결석, 노쇠, 이 세 가지뿐이라는 사실이 오히려 다행이라 여겨지는구나. 이 병들에도 불구하고, 나는 때때로 몸과 마음의 평온한 시간을 즐기지. 그럴 때면 병을 모두 잊고 책을 읽거나 글을 쓰고, 친구들과 이야기를 나누고 농담하며 웃고, 유쾌한 이야기들을 들려주기도 한다. 마치 너를 처음 만났던, 아직 한창 젊었던 쉰 살의 그때처럼 말이다.[129]

호루라기에 너무 큰돈을 쓰지 마라

여든이
일흔에게

"내 인생에서
가장 생산적인 시기는
일흔 이후였습니다"

[여든에, 영국에 있는 친구에게] 젊은 시절의 벗들은 정말로 거의 모두 세상을 떠났지만, 난 그들의 자식과 손주들과 함께 즐거운 나날을 보내고 있네. 권태에 빠질 틈도 없이 공무에 바쁘고, 대화나 독서, 정원 가꾸기, 크리비지 카드 놀이 같은 즐길거리도 있지. 요즘은 먹을거리, 볼거리로 가득한 시장이 최고의 정원처럼 여겨지기도 하지만, 나는 여전히 내 집이 자리한 정원을 잔디밭과 자갈길, 나무와 꽃피는 관목들로 가꾸고 있네. 긴 겨울밤이면 가끔 카드 게임도 하지. 돈을 걸고 하는 게 아니라, 체스를 두듯 명예를 위해서 혹은 서로를 이기는 즐거움을 위해서지. 우리가 파시에서 겨울을 보내던 시절, 그와

11. 나이 듦에 대하여

비슷하게 함께 게임을 하던 걸 자네도 기억할 테니, 그다지 새로운 일도 아니겠지.

가끔은 이렇게 한가하게 시간을 보내도 되나, 하는 약간의 죄책감이 들 때도 있지만, 또 다른 생각이 속삭이며 나를 위로한다네. '영혼은 불멸이라는 걸 알잖나. 그렇다면 영원을 앞에 두고 이 잠깐의 시간을 그리 인색하게 아껴야 할 이유가 있겠는가?' 그래서 귀가 얇은 데다, 다른 이성적인 동물들처럼 하고 싶은 일이 있을 때는 자그마한 이유에도 쉽게 혹해버리는 나는, 다시 카드를 섞고 또 한 판을 시작하지.[130]

이제 자네는 일흔여덟이고, 나는 여든둘이네. 자네가 내 뒤를 바짝 따라오고 있지만, 아무리 자네가 나보다 힘과 활기가 넘친다 해도, 내가 멈추기 전까지는 나를 따라잡을 수 없지. 이제 그 순간이 머지 않은 것 같네. 나는 젊은 시절의 친구들 대부분을 이미 땅에 묻었고, 한때 아이로만 기억했던 이들이 이제는 다 자라 사업하는 자기 아들들과 구분하기 위해 '나이 든 아무개 씨'라 불리는 것을 자주 듣게 되었네.

나는 다윗보다 열두 해나 더 살았네. 본디 자리에 누워 잠들었어야 할 내가 눈치 없이 다음 세대의 무리 속에 괜히 끼어 있는 건 아닌가 하는 기분이 들기도 하네. 하지만 만일 내가 일흔에 세상을 떠났다면, 내 인생에서 가장 활발히 활동했던 12년을 잘라낸 셈이 되었

호루라기에 너무 큰돈을 쓰지 마라

을 걸세. 가장 의미 있는 일들에 매진했던 그 시간들을 말일세.

　　내가 과연 선한 일을 해온 것인지, 아니면 해를 끼친 것인지는 시간이 밝혀주겠지. 내가 아는 거라곤 내 의도가 선했다는 것 정도네. 이젠 그 모든 일이 잘 마무리되기를 바랄 뿐이네.[131]

사람은
모두
죽는다

"이제는 집에 가서
잠자리에 들 시간이네"

▌ 〔프랭클린은 자신의 나이를 느끼며 친구에게 이렇게 썼다〕 늦게까지
계속 일했네. 이제는 집에 가서 잠자리에 들 시간이네.[132]

▌ 〔필라델피아의 집으로 돌아온 직후, 영국의 친구에게〕 자네가 내 안
부를 궁금해할 것 같아 한두 마디 적네. 하느님의 보살핌 덕분에 자
네가 마지막으로 보았을 때와 마찬가지로 건강과 기운을 잘 유지하
고 있네. 그때 앓고 있던 병도 악화되지 않았고, 견딜 만한 수준이야.
여전히 친구들과 함께하는 시간을 즐기고 있고, 내 형편도 넉넉하니
살아 있는 것에 감사할 이유가 많지. 하지만 자연의 섭리에 따라 지

호루라기에 너무 큰돈을 쓰지 마라

금의 삶에도 머지않아 마침표가 찍히겠지. 그래도 크게 아쉬워하지 않고 그 흐름을 따르려 하네. 오래도록 살아오며 이 세상을 충분히 경험했기에, 이제는 또 다른 세상을 향한 호기심이 점점 커지고 있거든. 그래서 나는 자식된 마음에서 우러나는 믿음으로 기꺼이 내 영혼을, 나를 지으시고 지금 이 순간까지 은혜로 보호해주신 위대하고 선하신 인류의 아버지께 맡기려 하네.[133]

〔프랭클린은 생을 마감하기 약 1년 전, 한 친구의 죽음을 맞아 그 친구의 딸에게 편지를 보냈다〕 아버지가 마지막 순간까지 평정을 잃지 않으셨다는 자네의 말이 참으로 깊이 와닿는구나. 그런 경우들을 보면, 선한 이들은 죽음을 맞으며 앞으로 들어설 복된 세계를 미리 맛보는 것 같기도 하다. 이치대로라면, 나는 자네 아버지보다 훨씬 먼저 세상을 떠났어야 했지. 그래도 이제는 나도 머지않아 그 길을 따르게 될 거야. 올해로 여든넷이 되었고, 지난 한 해 동안 건강이 크게 약해져서 내년까지 살아 있을 것 같지 않구나. 그러니 이 편지를, 자네가 내게서 받는 마지막 글이라고 여겨주게. 작별의 뜻을 담아 보내네, 내 소중한 친구여.[134]

Benjamin Franklin's Philosophy of Life

1790년 4월 17일 밤 11시경, 84년 3개월의 길고 가치 있는 삶이 조용히 끝나다

– 존 비글로가 남긴 프랭클린의 사망 기록

프랭클린 박사는 평생 비교적 건강한 편이었다. 1735년, 한 차례 흉막염으로 왼쪽 폐에 농양이 생긴 적이 있었지만 완전히 회복했고, 이후 다시 흉막염을 앓았을 때도 마찬가지였다.

그러나 나이가 들면서 통증 발작이 시작되었고, 1782년에는 신장염까지 겹치며 고통이 더욱 심해졌다. 이 무렵부터 그는 통증뿐 아니라 신장결석에도 시달리게 되었으며, 생의 마지막 1년 동안은 거의 대부분을 침대에서 지내야 했다.

그의 손자는 이렇게 회고했다.

"고통스런 상황에서도 할아버지의 지성과 타고난 유쾌함은 여전했습니다. 마지막 순간까지 기억력도 놀라웠어요. 일흔이 넘은 나이에 프랑스어를 꽤 쉽게 배우셨다니, 정말 놀랍지 않나요?"

1790년 4월, 프랭클린 박사는 열과 가슴 통증을 동반한 증상으로 생을 마감했다. 그의 친구이자 주치의였던 존스 박사는 프랭클린 박사가 마지막까지 앓았던 병에 대해 이렇게 기록했다.

"몇 해 동안 그를 괴롭혀온 결석 때문에 그는 마지막 열두 달을 거의 침대에서 보내야 했습니다. 통증이 심할 때는 아편제를 많이 복용했죠. 그럼에도 불구하고 고통이 잠잠해지는 순간이면 책을 읽거나, 가족이나 친구들과 유쾌한 대화를 나누었습니다. 때로는 업무를 위해 그를 기다린 다양한 사람들과 공적인 일까지 살피곤 했지요. 그는 늘 타인을 돕고자 했고, 이는 그의 삶을 정의하는 특징이었습니다. 지적 능력은 마지막까지 온전했고, 종종 재치 있는 농담이나 흥미로운 일화를 들려주는 것도 잊지 않았습니다. 그의 이야기는 언제나 듣는 이들을 즐겁게 했지요.

사망 약 보름 전부터 열이 나기 시작했지만 특별한 증상은 없었습니다. 그러다 사흘쯤 지나 왼쪽 가슴 통증이 시작되었고, 그 고통은 점점 심해져 기침과 호흡 곤란까지 동반했습니다. 그러나 그는 끝까지 인내심을 잃지 않았고, 자신이 감당해야 할 몫이라 여겼습니다. 그는 자신을 낮은 곳에서 이끌어 여기까지 이르게 한 하느님의 은혜에 감사하며, 지금의 고통조차도 더는 맡은 바를 감당할 수 없게 된 자신을 이 세상에서 물러나게 하시려는 그분의 자비로운 뜻이라 믿었습니다. 사망 닷새 전까지는 이 같은 상태가 이어지다가, 어느 순간부터 통증과 호흡 곤란이 사라졌습니다. 가족들은 회복을 기대했지만, 폐에 생긴 농양이 갑자기 터지면서 대량의 고름이 배출되었고,

그는 남은 힘을 다해 고름을 토해냈습니다. 그러다 그조차도 더는 할 수 없게 되자 점점 호흡이 약해졌고, 조용한 혼수 상태에 빠졌습니다. 그리고 1790년 4월 17일 밤 11시경, 그는 여든네 해와 석 달의 길고도 가치 있는 생애를 마감했습니다. 그의 끝은 평온했습니다."

그로부터 일주일 뒤, 러시 박사는 필라델피아에서 프라이스 박사에게 보내는 편지에 이렇게 적었다.

"신문에 곧 우리의 친구, 고故 프랭클린 박사의 부고가 실릴 겁니다. 그는 생애 말년까지도 도덕적, 지적 역량을 충분히 유지했습니다. 가족들과는 자신의 죽음에 대해 거리낌 없이 유쾌하게 이야기했고, 사망 며칠 전에는 스스로 몸을 일으켜 침구를 정돈해달라고 부탁했죠. 품위 있게 죽음을 맞이하고 싶다며 말입니다. 딸이 '아버지가 오래오래 사셨으면 좋겠어요'라고 말하자, 그는 조용히 '그러지 않았으면 좋겠구나'라고 답했습니다. 또 누군가가 호흡이 더 편해지도록 자세를 바꾸는 게 좋겠다고 하자, 그는 이렇게 말했죠. '죽어가는 사람에겐 쉬운 일이 하나도 없군.'"

한편, 휴슨 부인은 영국에 있는 프랭클린의 오랜 친구에게 보내는 편지에서 이렇게 썼다.

"우리는 정말로 소중하고 덕망 있으며 다정한 한 사람을 잃었습니다. 그의 지혜는 우리의 정신을 일깨웠고, 그의 인류애는 우리의 마음을 따뜻하게 해주었지요. 그는 인류 전체에 선을 실천했고, 하느님의 은혜에 감사했으며, 고통 속에서도 인내했고, 전능하신 하느님의 자비를 겸허히 신뢰하며 삶을 살아냈습니다. 이 모든 삶이야말로, 다음 세상에서의 행복을 보장하리라 믿습니다. 우리가 느끼는 이 상실은, 어쩌면 그에게는 축복일지도 모릅니다. 나는 그의 마지막 모습을 모두 지켜보았습니다. 그 순간에도 그는 평생 그러했듯 차분하고 의연했습니다. 지난 2년간 거의 거동을 못 했지만, 단 한 번도 불평하거나 짜증을 낸 적이 없었습니다. 편안했던 시간은 모두 합쳐도 두 달이 채 되지 않을 겁니다. 그럼에도 고통이 가라앉는 순간이면 책과 펜을 들거나, 친구들과 이야기를 나누며 시간을 보냈고, 언제나 명료한 사고와 쾌활한 성품을 유지했습니다. 통증이 너무 잦아 말을 자주 멈춰야 했을 때에도, 그는 경건하고 숭고한 언어로 믿음에 대해 이야기하곤 했습니다. 그분의 모습에 분명 기뻐하실 것 같아 그때 있었던 일을 들려드립니다.

지난 여름, 우리 친구와 함께 보낸 어느 날을 나는 결코 잊을 수 없습니다. 그는 침대에 누운 채 심한 고통을 겪고 있었습니다. 고통이 조금 가라앉았을 때, 책을 읽어드리겠다고 하자 그는 조용히 그러라고 했습니다. 그때 눈에 띈 책이 존슨의 《시인의 생애》였고, 그중에서도 그가 특히 좋아했던 작가 와츠 편을 읽었습니다. 그런데 놀랍게도, 그것은 그를 잠들게 하기는커녕 오히려 그의 기억력과 이성을 일깨웠습니다. 그는 와츠의 찬송시 몇 편을 외웠고, 그 시편들의 숭고함과 그 경건한 작가에 대해 진지한 어조로 해설을 덧붙였습니다. 사람이라면 누구나 자신의 믿음을 표현하는 어떤 종교적 의식을 바

호루라기에 너무 큰돈을 쓰지 마라

라게 됩니다. 나는 그에게도 그런 바람이 항상 있었다고 확신합니다. 우리 또한 그 의식에서 얻는 위안을 잘 알고 있으니, 그 믿음의 실천을 소홀히 해서는 안 될 것입니다. 그래야 고통 앞에서도 불평 없이 인내하고, 두려움 없이 죽음을 맞이할 수 있을 테니까요." [135]

닫는 글

우리에게는 여전히 옛사람의 지혜가 필요하다

벤저민 프랭클린은 어떻게 저 많은 일을 다 해냈는지 신기할 정도로 다양한 분야에서 놀라운 업적을 이룬 인물이다. 집안 형편이 넉넉지 않아 제대로 교육을 받지 못하고 어릴 때부터 일을 해야 했지만, 그는 독학으로 수많은 지식을 갖췄다. 한 푼도 없이 필라델피아에 와서 인쇄공으로 시작해 인쇄업자로 자수성가했고, 과학자이자 발명가, 정치인, 외교관, 저술가, 정치사상가로서 여러 방면에서 활동했으며, 미국 건국의 아버지로도 널리 알려져 있다. 여든넷의 나이로 세상을 떠날 때까지, 그는 정말로 꽉 찬 삶을 살았다. 그의 글들을 읽다 보면, 이 모든 것이 가능했던 이유는 바로 그의 인생철학 덕분이 아니었을까 하는 생각이 든다.

이 책에는 프랭클린이 평생 삶의 지침으로 삼아온 인생철학이 담겨 있다. 그는 자서전, 편지, 기사, 에세이, 격언 등 다양한 형식을 통해, 때로는 우화와 풍자를 섞어 자칫 고리타분할 수 있는 이야기들을 재미있고 이해하기 쉽게 풀어낸다. 프랭클린 인생철학의 핵심은 '덕'이다. 그는 덕을 인식하는 데 그치지 않고, 실제로 실천하는 것을 더욱 중요하게 여겼다. 그래서 덕을 갖추고 실천하는 데 필요한 마음가짐과 행동, 구체적인 방법들을 정리한 뒤 끊임없이 실천하려고 애썼다.

그는 특히 남을 돕고 선행을 베푸는 일을 매우 소중하게 생각했다. 선행은 기독교인이었던 프랭클린에게 신성한 종교적 의무였다. 프랭클린에게는 '사람을 돕는 것이 곧 신을 섬기는 길'이었기 때문이다.

프랭클린의 가르침은 우리가 이미 알고 있는, 어찌 보면 너무도 익숙한 이야기들이다. 그러나 실천하기는 결코 쉽지 않다. 그래서 프랭클린의 여러 교훈과 조언 중에서 가장 인상 깊었던 점은 바로 그의 '꾸준함'이었다.

겉보기에 인간미 없어 보일 수도 있는 프랭클린에게도, 덕을 갖추고 실천하기는 결코 쉽지 않았다. 그는 도덕적으로 완벽해지고자 했지만, 완벽할 수는 없었다. 여러 번 시행착오에 빠지기도 했고, 반복되는 실패에 좌절하고 자신은 도무지 구제 불능이라는 생각에 포기하려고도 했다. 정리에 서툴렀다고 고백하기도 했고, 절식을 그토록 강조하면서도 비만으로 고생했다. 그럼에도 그는 꾸준히 더 나은 사람이 되기 위해 노력했다. 덕분에 완벽한 사람은 되지 못했지만, 더 나은 사람은 될 수 있었다고 그는 이야기한다. 끊임없는 향상심이야말로 프랭클린의 가장 큰 강점이 아니었을까.

프랭클린의 글에서 드러나는 긍정적인 태도와 유머 감각도 매우 인상 깊었다. 그는 스스로도 자신을 낙천적이라고 말할 정도로, 최악의 상황 속에서도 긍정적인 시각을 잃지 않았고, 유머 감각 또한 놓치지 않았다. 이러한 태도는 그의 삶을 풍요롭게 했을 뿐 아니라, 어려운 순간들을 이겨내는 데 큰 힘이 되었을 것이다. 프랭클린은 "적을 올바르게 이용하면 해가 되기보다는 득이 된다"고 했고, 평생 자신을 괴롭힌 통풍에 대해서도 "치료약"이자 "진정한 친구"라고 표현하기도 했다.

오늘날의 세상은 여러모로 프랭클린이 추구했던 이상이나 가치와는 정반대로 흘러가고 있다. 그가 경계했던 낭비, 허영, 자만, 독선적 태도가 곳곳에 만연해 있다. 누군가는 프랭클린의 말이 시대에 뒤처진 옛이야기처럼 느껴질 수도 있겠지만, 바로 그런 시대이기에 그의 글이 더욱 의미 있다고 생각한다. 예나 지금이나 인간은 행복을 원한다. 그리고 진정한 행복을 가져다주는 것들 또한, 예나 지금이나 본질적으로 다르지 않다. 그렇기에 지금 우리에게도 여전히 옛사람의 지혜가 필요하며, 프랭클린의 삶의 원칙과 궤적 속에서 '어떻게 살아갈 것인가'에 대한 힌트를 얻을 수 있을 것이다.

호루라기에 너무 큰돈을 쓰지 마라

벤저민 프랭클린의 주요 연표

1706년 1월 17일 보스턴에서 태어나다.

1714년 보스턴 라틴 스쿨에 다니다.

1715년 브라우넬이 운영하는 학교에 다니다.

1716년 아버지의 양초 가게에서 일하기 시작하다.

1718년 형 제임스 밑에서 견습공으로 일하다.

1722년 필명 '사일런스 두굿Silence DoGood'으로 칼럼을 쓰다.

1723년 필라델피아로 도망치다. 키머 인쇄소에서 일하다.

1724년 런던으로 가다.

1725년 〈자유와 강제, 쾌락과 고통에 대한 논문〉을 쓰다.

1726년 필라델피아로 돌아오다. 데넘과 같이 일하다.

1727년 키머 인쇄소로 다시 돌아가다.

1728년 휴 메러디스와 함께 인쇄소를 창업하다.

1729년 칼럼 〈참견꾼〉을 연재하다. '펜실베이니아 가제트'를 인수하다.

1730년 데버러 리드와 살기 시작하다. 아들 윌리엄이 태어난 해로 추정된다.

1731년 도서관을 설립하다.

1732년 아들 프랜시스가 태어나다. 《가난한 리처드의 달력》을 발간하다.

1733년 '도덕적 완성 프로젝트'를 시작하다.

1736년 펜실베이니아 의회 서기가 되다. 프랜시스가 죽다. 소방대를 창설하다.

1737년 필라델피아 우체국장이 되다.

1742년 프랭클린 난로의 설계도를 공개 발표하다.

1743년 딸 샐리가 태어나다. 미국철학협회를 설립하다.

1745년 콜린슨이 전기에 대한 자료와 유리관을 보내주다.

1746년 여름에 전기 실험을 하다.

1747년 〈명백한 진실〉을 쓰다. 민병대를 조직하다.

1748년 인쇄업에서 은퇴하다.

1749년 필라델피아 아카데미(현 펜실베이니아대학교) 제안서를 작성하다.

1751년 전기 관련 논문이 런던에서 출간되다. 펜실베이니아 의회 의원이 되다

1752년 연 실험을 하다

1753년 미국 체신장관(대리)이 되다. 칼라일 인디언 회담이 열리다

1754년 프렌치 인디언 전쟁이 시작되다. 올버니 회의에서 식민지 연합 계획을
제안하다

1755년 민병대 법안이 통과되다. 독점 세력과 싸움을 시작하다.

1756년 야간 방범대 및 가로등 법안이 통과되다

호루라기에 너무 큰돈을 쓰지 마라

1757년 대리인 자격을 얻어 런던으로 떠나다. 《부로 가는 길》과 마지막 《가난한 리처드의 달력》을 발간하다.

1760년 펜 가문과의 싸움에서 추밀원이 인정한 부분적인 승리를 거두다.

1762년 필라델피아로 돌아오다. 윌리엄은 뉴저지 왕실 총독이 되고, 결혼하다.

1763년 프렌치 인디언 전쟁이 끝나다.

1764년 팩스턴 보이스 위기가 발발하다. 추잡했던 의회 선거에서 패하다. 다시 대리인이 되어 런던으로 돌아가다.

1765년 인지조례가 통과되다.

1766년 영국 의회에서 인지조례에 반대하는 증언을 하다. 법안이 폐기되다.

1767년 타운센드 법안이 발효되다.

1768년 식민지를 대표해 런던에서 지면紙面 전쟁에 참여하다.

1770년 타운센드 법안이 차에 대한 부분을 제외하고 폐기되다. 매사추세츠 대리인이 되다.

1771년 《자서전》을 쓰기 시작하다. 사위 배치를 만나다.

1772년 훔친 허친슨의 편지를 비밀리에 보스턴으로 보내다

1773년 패러디 '큰 제국을 작은 나라로 축소하기 위한 규칙'과 '프로이센 국왕의 칙령'을 쓰다. 보스턴 차 사건이 일어나다.

1774년 허친슨의 편지 사건으로 추밀원의 심문을 받다. 체신장관직에서 해임되다. 고압적인 법안이 통과되다. 채텀 경 및 하우 경과 평화 논의를 시작하다. 아내 데버러가 사망하다.

1775년 필라델피아로 돌아가다. 렉싱턴-콩코드 전투로 독립 전쟁이 시작되다.

제2차 대륙 회의에 참가하다. 최초 연맹 규약을 제안하다.

1776년 윌리엄이 왕실 총독직에서 쫓겨나 코네티컷에 투옥되다. 캐나다 임무에 파견되다. 독립 선언서를 발표하다. 스태튼아일랜드에서 하우 경과 회담하다. 템플과 베니를 데리고 프랑스로 떠나다.

1777년 파시에 정착하다.

1778년 프랑스와 동맹 및 통상 조약을 맺다. 윌리엄이 감옥에서 풀려나고, 뉴욕에서 왕당파로 활동하다.

1779년 프랑스의 전권 대사가 되다.

1780년 애덤스가 파리로 돌아오다. 프랭클린은 그가 대표 자격을 잃게 하는 데 일조하다. 영국군이 찰스턴을 점거하다.

1781년 애덤스가 다시 파리로 돌아오다. 이번에는 영국과 협상하는 대표 자격이었다. 프랭클린(그리고 제이 등)도 대표로 임명되어 애덤스와 합류하다. 콘월리스가 요크타운에서 항복하다.

1782년 애덤스, 제이와 함께 영미 평화 협상을 성사시키다. 윌리엄이 런던으로 도피하다.

1783년 파리조약이 체결되어 독립 전쟁이 종결되다. 최초의 열기구 비행을 참관하다.

1785년 윌리엄을 마지막으로 만나고, 필라델피아로 돌아가다.

1787년 제헌회의가 열리다. 노예제폐지협회의 회장이 되다.

1790년 4월 17일 84세를 일기로 사망하다.

호루라기에 너무 큰돈을 쓰지 마라

주

* 약어

WBF – Biglow, John, *The Works of Benjamin Franklin*, New York: G. P. Putman's Sons, 1904, 12 vols.

BF – Benjamin Franklin

Phil. – Philadelphia

PG – Pennsylvania Gazette

WM – Weekly Mercury

1. 돌아볼 때 비로소 깨닫게 되는 진실

1   BF to Madam Brillon, 1779, *WBF* 7:366

2   BF to Madam Brillon, 1778, *WBF* 7:363

3   Busy-Body III, WM, Tuesday, 18 Feb. 1728-9, *WBF* 1:347

4   Dialogue Concerning Virtue and Pleasure, PG, 23 June 1730, *WBF* 1:396, 1:398, 1:400

5   Queries on Happiness, *WBF* 1:338

6   On True Happiness, PG, 20 Nov. 1735, *WBF* 2:7

2. 덕의 기술

7   Autobiography, *WBF* 1:188

8   Autobiography, *WBF* 1:190

9   Autobiography, *WBF* 1:195

10 Autobiography, *WBF* 1:197

3. 인간의 치명적 한계

4. 부로 가는 길

호루라기에 너무 큰돈을 쓰지 마라

Entitles "Poor Richard Improved", 1758, *WBF* 2:27

33 Advice to a Young Tradesman, 1748, *WBF* 2:236

5. 올바른 생각이 중요한 이유

34 Autobiography, *WBF* 1:80

35 Autobiography, *WBF* 1:244

36 BF to Thomas Cushing, London, 15 Feb. 1774, *WBF* 6:287

37 Rules for a Club Established for Mutual Improvement, 1728, *WBF* 1:334

38 BF to Peter Collinson, Phil., Sept. 1753, *WBF* 2:432

39 BF to John Ingenhousz, 1782, *WBF* 9:231

40 BF to John Lining, Phil., 18 Mar. 1755, *WBF* 3:73

41 BF to John Winthrop, London, 2 July 1768, *WBF* 5:9

42 BF to Peter Collinson, Phil., 25 Aug. 1755, *WBF* 3:80

43 BF to Mary Stevenson, London, 13 Sept. 1760, *WBF* 3:271

44 Autobiography, *WBF* 1:47

45 Autobiography, *WBF* 1:48

46 Autobiography, *WBF* 1:184

47 Rules for a Club Established for Mutual Improvement, 1728, *WBF* 1:331

48 BF to Mary Stevenson, Craven Street, 16 May 1760, *WBF* 3:263

49 Poor Richard's Almanac, 1734, *WBF* 2:44

50 The Right of Impressing Seamen, Remarks on Judge Fosters Argument in Favor of the Right, 1762, *WBF* 4:349, 4:350, 4:358

51 *Autobiography of Benjamin Franklin*, Henry Holt and Company, 1916, https://www.gutenberg.org/files/20203/20203-h/20203-h.htm?utm_source=chatgpt.com

52 BF to Dr. Priestly, London, 19 Sept. 1772, *WBF* 5:371

6. 왜 건강을 챙겨야 하는가

7. 행복의 기술

8. 진실과 정직은 순진한 덕목 아닌가

호루라기에 너무 큰돈을 쓰지 마라

9. 프랭클린의 인간관계론

10. 인생에서 신앙이란

호루라기에 너무 큰돈을 쓰지 마라

119 *Autobiography of Benjamin Franklin*, Henry Holt and Company, 1916, https://www.gutenberg.org/files/20203/20203-h/20203-h.htm?utm_source=chatgpt.com

120 BF to Joseph Huey, Phil., 6 June 1756, *WBF* 3:132

121 BF to James Hutton, Passy, 7 July 1782, *WBF* 9:377

122 BF to George Whately, Passy, 23 May 1785, *WBF* 11:45

123 BF to Alexander Small, Phil., 19 Feb. 1787, *WBF* 11:303

11. 나이 듦에 대하여

124 BF to Jane Mecom, New York, 19 Apr. 1757, *WBF* 3:180

125 BF to Mary Stevenson, London, Oct. 1768, *WBF* 5:46

126 BF to Richard Price, Phil., 31 May 1789, *WBF* 12:73

127 BF to Samuel Cooper, Passy, 27 Oct. 1779, *WBF* 8:152

128 BF to Mary Hewson (Stevenson), Passy, 19 Mar. 1784, *WBF* 10:295

129 BF to Mrs. Partrideg, Phil., 25 Nov. 1788, *WBF* 12:16

130 BF to George Whately, Phil., 18 May 1787, *WBF* 11:333

131 BF to Mary Hewson, Phil., 6 May 1786, *WBF* 11:254

132 BF to Mary Hewson, St. Germain, 13 July 1785, *WBF* 11:81

133 BF to Dr. Shipley, Phil., 24 Feb. 1786, *WBF* 11:235

134 BF to Catherine Shipley, Phil., 27 Apr. 1789, *WBF* 12:72

닫는 글

135 Note by John Bigelow, *WBF* 12:195

이혜진

영국 워릭대학교에서 국제정치학을 전공했다. 우리말과 외국어를 함께 다루는 번역에 매력을 느껴 글밥아카데미 수료 후 바른번역 소속 번역가로 활동하고 있다. 국제정치와 세계사에 특히 관심이 있어 국제정치학을 전공했고 전반적인 사회과학과 인문과학 분야에 두루 관심이 있다. 옮긴 책으로는 《19세기 귀족 연감》《러시아 내전》《일단 앉아볼까요》가 있다.

tg 001

호루라기에 너무 큰돈을 쓰지 마라:
후회 없는 인생을 위한 프랭클린의 생활 철학

초판 1쇄 발행 | 2025년 6월 3일

지은이 벤저민 프랭클린
옮긴이 이혜진

펴낸이 김성수
펴낸곳 여린풀
출판등록 제2024-000243호
이메일 tendergrass001@gmail.com

ISBN 979-11-992406-0-5 (03190)